IMPARA COME EINSTEIN: TECNICHE DI APPRENDIMENTO RAPIDO E LETTURA EFFICACE PER PENSARE COME UN GENIO

MEMORIZZA DI PIÙ, FOCALIZZATI MEGLIO E LEGGI IN MANIERA EFFICACE PER IMPARARE QUALUNQUE COSA

STEVE ALLEN

Edizione 1.0 – Gennaio, 2018

Pubblicato da Steve Allen

ISBN: 978-1986801393

Copyright © 2018 di Steve Allen

Scopri altri titoli dell'autore su www.amazon.com/author/pnl

Tutti i diritti riservati, inclusi i diritti di riproduzione totale o parziale in qualsiasi forma.

Immagine di copertina utilizzata su licenza di Shutterstock.com

INDICE

Come leggere questo libro	v
Introduzione	vii
1. La mentalità di un genio	1
2. Modalità di pensiero	9
3. Un'occhiata al tuo cervello	16
4. La memoria	20
5. Frammentazione	32
6. Tecniche di apprendimento rapido	43
7. Come ottimizzare il tuo cervello	49
8. Distruggendo miti	55
9. Lettura efficiente	65
10. Il modo migliore per diventare un esperto	72
Riepilogo	75
Conclusione	79
L'autore	81

COME LEGGERE QUESTO LIBRO

Questo libro è stato concepito per essere uno strumento pratico di tecniche immediatamente applicabili. Tuttavia, è necessario iniziare con alcuni capitoli teorici sul funzionamento del cervello e della memoria, nonostante mi sia sforzato di ridurli al minimo per mantenere l'essenza di un testo breve e pratico.

Ti consiglio di leggere ogni capitolo nell'ordine in cui è presentato, e di resistere alla tentazione di saltare le informazioni, dato che sono sicuro che in ognuno di essi troverai una perla di saggezza che segnerà positivamente il tuo approccio e il tuo viaggio verso l'utilizzo di una mentalità da genio.

¡Ci vediamo alla fine del libro!

INTRODUZIONE

Quando ero più giovane, non ho mai eccelso in classe. Non sapevo come studiare o imparare. Aspettavo l'ultima notte per accumulare nel cervello tutte le informazioni prima di dare un esame che era in programma da mesi. Ero pessimo nel prendere appunti e confidavo nei miei amici perché mi aiutassero. Per riassumere, ero uno studente davvero pessimo. Semplicemente non mi importava imparare e preferivo passare il tempo facendo altre cose.

Tuttavia, all'università è accaduto qualcosa che ha cambiato il mio mondo per sempre. Volevo fare colpo su una ragazza del mio corso. Questa è una motivazione nobile e potente che può essere la spinta per molti cambiamenti nella vita di un giovane uomo. Ho avuto la fortuna di sedermi direttamente dietro di lei ed ha cominciato a girarsi continuamente per chiedermi una mano. Tuttavia, all'inizio il mio animo è sprofondato perché mi sono reso conto che non avevo idea di come rispondere alle sue domande. E se avesse iniziato a chiedere agli altri ragazzi? Non era quello che volevo!

Con questo in mente, ho cominciato a studiare e imparare per fare in modo che avesse un motivo per continuare a girarsi e parlare con me. E' incredibile quello che puoi fare quando hai la giusta motivazione. Ho cominciato ad utilizzare un enorme insieme di tecniche di memorizzazione e apprendimento. Alla fine ho passato il corso con uno dei voti migliori della mia carriera accademica, anche se con lei non ho fatto alcun passo avanti.

Nonostante questo, ho scoperto che quando hai un obiettivo o uno scopo in mente, puoi ottenere molto più di ciò che credi. Tuttavia, la maggior parte delle volte non abbiamo questo genere di motivazione. La maggior parte delle cose cha impariamo o studiamo sono un obbligo e non è un piacere apprendere. Ma eccoti di nuovo qui, davanti ad un libro, cercando di imparare di più riguardo ad uno specifico argomento.

Che sia per il tuo lavoro o semplicemente per conoscenza generale, può essere davvero difficile assimilare e trattenere nuove conoscenze quando stai già tentando di mantenere in ordine il resto della tua vita. Ad un certo punto della vita l'apprendimento smette di sembrare qualcosa di facile. Ma non scoraggiarti, questo capita perché hai imparato solamente in maniera istintiva e in questo libro risolveremo il problema.

La chiave sta nell'imparare ad imparare. C'è dell'arte in questo, e quando sarai capace di padroneggiarla avrai ottenuto un'abilità che durerà per tutta la vita. Molti non si rendono conto di possedere la capacità di imparare ed essere intelligenti. Pensano che sia un qualcosa con cui si nasce oppure no, ma questo non potrebbe essere più lontano dalla verità, e anche tu puoi imparare ad imparare come un genio.

Questo libro è concepito per te. Contiene un insieme di tecniche di apprendimento garantite che ti permetteranno di conservare più informazioni e di apprendere più rapidamente, anche se si tratta di un argomento che non ti appassiona.

Imparare ad imparare è una delle capacità più preziose che puoi sviluppare, è la base del successo in ambito accademico, negli affari, nella leadership, nelle relazioni personali e in tutti gli ambiti della vita. Non è una sorpresa che le persone di maggior successo dicano questo, ciò che sorprende è che i metodi per pensare con chiarezza e apprendere in maniera efficace si possano insegnare e si possano apprendere.

Il nostro cervello ha delle capacità sorprendenti, ma sfortunatamente non viene fornito con un manuale di istruzioni. Il mio obiettivo in questo libro è insegnarti ad utilizzare il tuo cervello affinché tu possa diventare uno studente migliore. Ciò che imparerai è basato su solide ricerche della neuroscienza moderna, della psicologia cognitiva e anche sull'esperienza di decine dei principali professionisti nelle tecniche di apprendimento rapido.

Che tu sia un principiante o un esperto, in questo libro troverai nuovi strumenti per migliorare le tue capacità e tecniche di apprendimento.

Ti aiuterò a trasformare il modo in cui pensi al processo di apprendimento, a ridurre la tua frustrazione e ad aumentare la tua comprensione e conservazione delle informazioni. Per leggere questo libro non hai bisogno di conoscenze approfondite di alcun genere particolare. Devi solo prendere queste tecniche e applicarle immediatamente.

Benvenuto a questo appassionante viaggio alla scoperta di te stesso. Cominciamo!

Capitolo 1
LA MENTALITÀ DI UN GENIO

Voglio che chiudi gli occhi per un minuto e immagini un genio. Pensa a chi ti viene in mente e osserva le altre cose che appaiono nella tua mente quando pensi a questa persona. Probabilmente starai pensando a qualcuno come Albert Einstein o Steven Hawking.

Diamo un'occhiata più approfondita. Cosa stai pensando riguardo a questa persona? Pensi a questa persona come ad un professore? Uno scienziato? O magari fai caso al suo aspetto stravagante?

Ma hai pensato a questa persona come uno studente che ha bisogno di imparare? Probabilmente no. Quando pensiamo ad un *"genio"*, diamo per scontato che sia una persona intelligente e capace che sa già tutto ciò che accade nel mondo e ciò che deve fare. Pochi di noi pensano ad un genio come una persona che ha bisogno di imparare, o che sta cercando di imparare qualcosa di nuovo.

Ho bisogno che elimini questo pregiudizio dalla tua mente. Un genio, o la mentalità di un genio, non ha bisogno di sapere tutto. Di fatto, non hai bisogno di sapere nulla per avere la mentalità di un genio. Un genio non ha nulla a che vedere con la conoscenza, piuttosto la sua caratteristica principale è la *capacità di apprendere*, e questo è ciò che imparerai a sviluppare nei capitoli seguenti.

Per permettere che la tua mentalità si evolva, devi dimenticare tutto quello che sai sull'apprendimento e devi abbracciare un nuovo modo di fare le cose. Non presupporre mai che ci sia un unico modo di imparare, e non aggrapparti agli schemi di apprendimento che hai utilizzato finora. Probabilmente questi metodi hanno funzionato in passato, ma non ti stanno dando i risultati che vorresti in questo momento.

In questo libro la parola più importante è *"mentalità"*, e cominceremo parlando di un concetto chiamato *"mentalità di crescita"*. La ricercatrice Carol Dweck ha condotto numerosi studi sull'argomento, e ha scoperto che le persone hanno una mentalità di crescita o una mentalità fissa.

Le persone che hanno una mentalità fissa credono che l'intelligenza e la capacità di apprendere siano innate, fisse e che siano determinate dalla genetica. Al contrario, le persone con una mentalità di crescita credono che l'intelligenza e la capacità di apprendere siano il risultato dell'impegno e del duro lavoro. Questa è un'estensione del mito riguardo al concetto di avere un limite genetico per le tue abilità di cui parleremo più avanti.

In alcuni studi successivi, Dweck ha scoperto che le persone con una mentalità fissa tendevano ad imparare molto peggio di quelle con mentalità di crescita, perché credevano che se non erano immediatamente capaci di fare qualcosa, significava che erano geneticamente destinati ad non esserne capaci. Per le persone con una mentalità fissa l'esito è un segnale di dove devono concentrare i propri sforzi, e il fallimento è indice di qualcosa che devono evitare, dato che non credono di poter migliorare. Al contrario, le persone con una mentalità di crescita si approcciano ai nuovi argomenti con un'aspettativa di lotta e di sfida, e sanno per esperienza che il lavoro duro può aiutarli a superare ciò che all'inizio sembra impossibile. La mentalità di crescita genera la credenza ottimistica che si può ottenere quasi qualunque cosa se investi lavoro e tempo sufficienti.

L'importanza della piramide di apretamiento

Una delle chiavi per l'apprendimento è comprendere la piramide dell'apprendimento. Molti hanno messo in discussione l'accuratezza della piramide, ma secondo me non deve essere presa alla lettera, ma piuttosto come una guida che dimostra cos'è che importa davvero. La piramide è la seguente:

- Trattieni il 5% delle informazioni quando ascolti una conferenza.
- Trattieni il 10% quando leggi.
- Trattieni il 20% tramite il processo audiovisivo.
- Trattieni il 30% quando ti dimostrano qualcosa.
- Trattieni il 50% tramite una discussione di gruppo.
- Trattieni il 75% quando fai qualcosa.
- Trattieni il 90% insegnando agli altri.

Come puoi vedere, i numeri esatti non sono così importanti e l'ordine può variare da una persona all'altra, ma gli estremi dello spettro sono assolutamente certi. Quanto più processi e partecipi proattivamente all'analisi delle informazioni, meglio le conserverai e imparerai. Allo stesso modo, quanto più passivamente consumi le informazioni senza un secondo processo, meno conserverai e imparerai.

Vediamo un esempio. Se vuoi imparare la storia dell'umanità, di sicuro puoi imparare molto processando passivamente le informazioni. Potresti prendere appunti o vedere un documentario, e saresti facilmente considerato un esperto in materia. Tuttavia, immagina quanto in più impareresti se sezionassi e discutessi con altre persone la storia dell'impero romano, la rivoluzione industriale, o creassi un video per dimostrare come Cristoforo Colombo navigò attraverso l'oceano Atlantico. Immagina come migliorerebbe la tua capacità di rivedere e analizzare le informazioni *"apprese"* se permettessi ad altri di farti domande. E' un livello molto diverso di apprendimento quello che si produce quando ti *"rimbocchi le maniche"* ed esamini davvero un argomento rispetto alla semplice lettura.

2 Concetti per padroneggiare nuove capacità

Di seguito, condividerò con te due concetti che ti forniranno molti benefici nel tuo cammino verso il dominio di qualunque capacità, quindi spero che tu li tenga sempre a mente quando decidi di imparare una nuova capacità.

Concetto 1: Concentrati nell'apprendimento rapido

L'apprendimento rapido è un'idea sostenuta dall'autore, imprenditore e hacker Tim Ferriss. Questo concetto contesta direttamente molte delle nozioni preconcette che la gente ha riguardo l'auto-educazione, come la quantità di tempo di cui si ha bisogno per padroneggiare una nuova capacità e la difficoltà per un adulto di padroneggiare qualcosa di nuovo.

Commento: Tim Ferriss è un autore di spicco che si è fatto conosciuto tramite il suo Podcast (una specie di programma radiofonico su internet), nel quale intervista persone importanti a livello mondiale nelle proprie aree di competenza (investimenti, sport, arte, affari, ecc.), cercando di scomporre ed estrarre le loro strategie, tecniche, abitudini e strumenti. Alcuni dei suoi invitati sono stati Arnold Schwarzenegger, Jamie Foxx, Tony Robbins, Maria Popova, Malcolm Gladwell, e molti altri. Ti consiglio di ascoltarlo su *http://tim.blog/podcast,* anche se al momento è disponibile solo in inglese.

Il concetto di base dell'apprendimento rapido è la regola 80/20, anche conosciuta come il principio di Pareto, che stabilisce che l'80% delle cose che impariamo proviene dal 20% del nostro impegno. La chiave dell'apprendimento rapido consiste nell'identificare questo 20% di qualunque capacità e lavorare esclusivamente su quello, e anche se questo non ti renderà un esperto in merito, ti renderà superiore alla media.

Per dimostrare le sue idee sull'apprendimento rapido, Ferris ha creato un programma video nel quale mette alla prova le sue idee sull'apprendimento rapido su alcuni adulti in un ambiente reale. In alcuni capitoli del suo programma mette alla prova se stesso imparando a suonare la batteria, una nuova lingua, fare surf su grandi onde e sviluppare altre capacità che vengono considerate difficili per gli adulti. Per rendere le cose ancora più difficili, si dà un tempo massimo di cinque giorni per padroneggiare le varie capacità. Alla fine, e per riassumere, Tim ottiene il successo nelle sue sfide per varie ragioni:

- Ottiene un'istruzione di prim'ordine dai migliori in ogni disciplina.
- Parlando con veri maestri, può individuare quel 20% di informazioni essenziali che lo aiutano ad essere *"all'altezza"*.
- Crea sistemi intorno a quel 20% fondamentale che gli permettono di imparare il più possibile in un breve periodo di tempo.
- Si immerge nella formazione per un breve periodo di tempo.
- Impara ciò di cui ha bisogno e nient'altro.

Nel primo episodio ha imparato a suonare la batteria. In questo caso ha ricevuto lezioni da Stewart Copeland, ex batterista dei *"The Police"*. Stewart ha insegnato a Tim solamente i concetti di base: come impugnare le bacchette e come tenere il ritmo.

Tim non ha imparato a leggere uno spartito né nessun'altra capacità intermedia. Invece, ha utilizzato i concetti di base per saltare direttamente alla pratica e suonare una canzone specifica. Per la sua *"prova"* finale, ha suonato durante un concerto dal vivo con la band *"Foreigner."*

Questa è la formula che ha utilizzato Tim nella maggior parte delle sfide di apprendimento rapido: ***"Padroneggia i fondamenti di base essenziali e poi salta direttamente alla pratica delle capacità essenziali.".***

Ora, si potrebbe argomentare che non padroneggia davvero queste capacità e che impara solamente il minimo indispensabile per sopravvivere. Ma come adulti, il nostro tempo è limitato e per molte abilità questo può essere tutto ciò di cui abbiamo bisogno: imparare.

Quindi, la grande lezione che ricaviamo da questo è che quando stai imparando una nuova capacità, devi cercare quelle scorciatoie che portano ai risultati migliori.

Concetto 2: Apprendimento "Giusto in tempo"

Un concetto legato all'apprendimento rapido è qualcosa chiamato apprendimento giusto in tempo. In poche parole, ogni volta che vuoi imparare qualcosa, devi prestare attenzione all'*unica* informazione che può essere messa in pratica immediatamente. Questa può essere una sfida per molti di noi, perché siamo stati indottrinati con l'idea che abbiamo bisogno di sederci ore a studiare per imparare un concetto.

Un modello migliore è concentrarsi semplicemente su quello di cui si ha bisogno per fare il passo successivo, applicare queste informazioni, e poi imparare a mano a mano che si procede.

Ad esempio, diciamo che vuoi avviare un'attività. Invece di cercare di imparare tutto quello che riguarda la gestione di un'attività, come le implicazioni fiscali, ottenere un finanziamento o la struttura di impresa più conveniente, la cosa migliore è concentrarsi sul *primo passo* del processo: come sapere se la tua idea di attività sarà redditizia. Ignora tutto il resto fino a che non sei certo che l'attività sia redditizia.

Non sottovalutare il potere dell'apprendimento giusto in tempo. A mano a mano che costruisci una nuova capacità, è forte la tentazione di voler apprendere tutto ciò che puoi, ma se questo è ciò che stai facendo, non ti stai dando l'opportunità di uscire e fare esperienze pratiche.

Vedremo altri aspetti dell'apprendimento giusto in tempo

nel corso del libro, ma fino ad allora, ricordati che è importante suddividere tutte le capacità in un processo nel quale ti concentri su un unico passo prima di provare a fare il seguente.

Nel prossimo capitolo vedremo le due modalità di pensiero che ha la nostra mente, l'importanza del sonno nell'apprendimento e il problema fondamentale della concentrazione. Anche se non siamo ancora arrivati alla parte pratica del libro, ti consiglio di leggere il capitolo seguente in modo consapevole, perché getterà le basi per migliorare la tua capacità di apprendimento.

Capitolo 2
MODALITÀ DI PENSIERO

Se comprendi come funziona di base il tuo cervello, potrai utilizzare questa comprensione per imparare più facilmente e con meno frustrazione. In questo capitolo ti insegnerò come funziona il tuo cervello in relazione all'apprendimento. E' stato scoperto che abbiamo due modalità di pensiero fondamentalmente differenti, note come *"modalità focalizzata"* e *"modalità diffusa"*.

In generale, la maggior parte di noi ha familiarità con la modalità focalizzata. Questa è la modalità che utilizziamo quando ci concentriamo intenzionalmente su qualcosa di specifico per apprenderlo o comprenderlo. Tuttavia, non abbiamo familiarità con il pensiero diffuso, che consiste in uno stile di pensiero più rilassato, relazionato con uno stato di riposo neurale.

La modalità di pensiero focalizzato è un modo di pensare che utilizza schemi e relazioni conosciute tra diverse idee di base. E' una specie di reazione a catena nella quale un pensiero incendia il successivo finché Boom! Risolvi il problema che stavi cercando di chiarire, oppure riesci a capire il concetto che stavi cercando di comprendere, dato che hai scoperto che è collegato a qualcosa di familiare. E' come se i pensieri si muovessero lungo un'autostrada neurale ben pavimentata, attivandosi uno dopo l'altro fino ad arrivare alla soluzione.

Ma che succede se il problema su cui stai lavorando ha bisogno di idee nuove o di un nuovo approccio che non hai mai utilizzato prima?

Quando capita, i nostri pensieri restano senza un percorso neurale lungo il quale muoversi. Non abbiamo uno schema. Non sappiamo che aspetto ha la soluzione e nemmeno con cosa collegare le nuove idee per comprenderle.

Quindi come sviluppiamo questo nuovo schema di pensiero?

Per arrivare a questo nuovo schema utilizziamo una forma di pensiero specifica rappresentata dalla modalità diffusa. In questo caso il tuo pensiero arranca e si muove in direzioni diverse, rimbalzando, andando a sbattere contro ostacoli, cambiando direzione, e percorrendo un lungo tratto fino a colpire una parete che gli farà di nuovo cambiare direzione. In questa modalità di pensiero puoi vedere le cose da una prospettiva molto più ampia. Puoi fare nuove connessioni neuronali che percorrono cammini nuovi. Non puoi concentrarti in maniera fissa come fai di solito quando comprendi gli aspetti più sottili di un concetto, ma puoi, almeno, cominciare a creare nuovi percorsi di cui avrai bisogno in seguito per trovare una soluzione tramite la modalità di pensiero focalizzato.

Purtroppo, da quello che hanno compreso i neuroscienziati, non possiamo essere in entrambe le modalità di pensiero allo stesso tempo. Tuttavia, di seguito vedremo come due delle menti più geniali della storia utilizzavano entrambe le modalità di pensiero per le loro grandi *"creazioni"*.

Salvador Dalí

Salvador Dalí è stato un pittore surrealista molto conosciuto del XX secolo. E' la chiara definizione di un personaggio libero e pazzo che era solito utilizzare una tecnica molto interessante che lo aiutava a creare dipinti surrealisti sorprendentemente creativi. Dalí era solito rilassarsi su una poltrona e lasciare che la sua mente vagasse pensando a qualcosa sulla quale si era concentrato precedentemente. Era solito tenere una chiave in mano, muovendola giusto sopra al pavimento. Quando cominciava a sognare, addormentandosi, la chiave gli cadeva dalla mano e il rumore lo svegliava, giusto in tempo perché potesse raccogliere quelle connessioni e idee diffuse che si erano formate nella sua mente. A quel punto tornava alla modalità di concentrazione incorporando le nuove connessioni che aveva fatto mentre era in modalità diffusa.

Magari pensi che questo possa andare bene per un artista, ma come si collega con processi di pensiero più *"scientifici"*?

Thomas Edison

Parliamo allora di Thomas Edison. Edison è uno degli inventori più prolifici della storia. Secondo la leggenda, quello che Edison era solito fare era sedersi e rilassarsi nella sua poltrona, tenendo dei cuscinetti nella mano. Si rilassava liberando i suoi pensieri e la sua mente, sebbene spesso finiva con il pensare alle stesse cose sulle quali si era concentrato in precedenza, ma in maniera più rilassata.

Quando Edison si addormentava, i cuscinetti cadevano e facevano rumore sbattendo sul pavimento, così come accadeva a Dalí. Questo lo svegliava e gli permetteva di catturare le idee generate nella modalità diffusa, portandole alla modalità concentrata e andando avanti a partire da lì.

Quindi, una delle cose che possiamo imparare da queste menti brillanti è che quando stiamo imparando qualcosa di nuovo, soprattutto qualcosa di difficile, la nostra mente ha bisogno di cambiare da una modalità di apprendimento all'altra. Questo si può comparare al rafforzamento dei muscoli tramite il sollevamento pesi. Non ti sogneresti mai di partecipare ad una competizione di sollevamento pesi aspettando fino al giorno precedente per cominciare ad allenarti come un matto. Per fortificare la tua struttura muscolare devi lavorare un po' ogni giorno, permettendo ai tuoi muscoli di crescere. Allo stesso modo, per costruire questa struttura neuronale devi lavorare un po' ogni giorno, costruendo a poco a poco una base di neuroni sulla quale costruire nuovi pensieri, un po' ogni giorno. Questo è il trucco dei momenti *"Eureka"*.

Personalmente non utilizzo il metodo di Dalí o Edison, dato che ho scoperto che, nel mio caso, fare jogging o esercitarmi all'aria aperta è un ottimo metodo per disconnettere la mente dal normale corso di pensieri, ed è molto probabile che compaiano nuovi pensieri e nuove idee. Spesso queste nuove idee diventano utili in seguito, ma l'unico problema è che quando rientro a casa e mi faccio la doccia, molte sono già evaporate. Per questo mi piace avere sempre con me qualcosa per prendere appunti, di solito il mio smartphone.

L'importanza del sonno nell'apprendimento

Sono certo che ti sorprenderà sapere che il solo fatto di essere sveglio genera sostanze tossiche nel tuo cervello. Ma come si disfa il cervello di questi veleni?

Quando dormiamo le nostre cellule cerebrali si contraggono. Questo provoca un aumento nello spazio che c'è tra di esse, che permette ai fluidi di scorrere tra le cellule e portare via le tossine. Il sonno, che a volte può sembrare una perdita di tempo, in realtà è il modo in cui il nostro cervello si mantiene pulito e in salute. Andiamo direttamente all'idea fondamentale. Le tossine ci impediscono di pensare con chiarezza. E' come tentare di guidare un'automobile che ha dello zucchero nel serbatoio della benzina.

Di fatto, dormire poco non solo porta a problemi di concentrazione, ma dormire poco per un lungo periodo porta anche a tutta una serie di condizioni dannose, tra cui mal di testa, depressione, problemi cardiaci, diabete, e anche una diminuzione dell'aspettativa di vita. Ma il sonno fa molto più che permettere al nostro cervello di eliminare le tossine. Di fatto, è una parte importante del processo di memoria e apprendimento. Pare che sia durante il sonno che il nostro cervello mette in ordine le idee e i concetti che abbiamo imparato. Cancella le parti meno importanti dei ricordi e allo stesso tempo fortifica le aree di cui abbiamo bisogno e che vogliamo ricordare. Durante il sonno, il cervello ripete anche gli schemi neurali per rafforzarli e fortificarli.

E' stato anche dimostrato che il sonno fa una grande differenza nella nostra capacità di risolvere problemi e di capire ciò che stiamo cercando di apprendere. E' come se la disattivazione completa del nostro io cosciente nella corteccia prefrontale aiutasse altre aree del cervello ad iniziare a parlare più facilmente tra loro, permettendogli di generare una soluzione neurale riguardo il nostro lavoro di apprendimento mentre stiamo dormendo. Ovviamente, per fare un utilizzo efficace della modalità diffusa, dobbiamo prima piantare il seme nel nostro cervello utilizzando la modalità focalizzata.

Il problema principale della concentrazione

Un incidente cerebrovascolare può causare una condizione insolita nota come disordine percettivo di ampia prospettiva dell'emisfero destro. Coloro che soffrono di questo disturbo possono agire, ma solo parzialmente. Possono mantenere la propria intelligenza, anche delle formidabili capacità di risolvere complessi problemi matematici, se avevano questa abilità già prima, ma un fatto interessante è che se fanno un errore di calcolo ed arrivano ad una conclusione che non ha senso, come ad esempio un venditore di hot dog che guadagna un miliardo di dollari in un mese, questo non li disturba né gli richiama l'attenzione. Non hanno una reazione né una prospettiva che gli dica che questa informazione non ha senso.

Molte ricerche suggeriscono che l'emisfero destro ci aiuta a fare un passo indietro per guardare il nostro lavoro in prospettiva e le persone che hanno sofferto danni all'emisfero destro spesso non hanno questa capacità di prospettiva. L'emisfero destro è vitale per agire in maniera realista e le persone che hanno sofferto di attacchi cerebrovascolari ci ricordano le conseguenze di non utilizzare tutte le nostre capacità cognitive nelle quali sono coinvolte molte aree del cervello. Il semplice fatto di smettere in parte di utilizzare alcune delle nostre capacità può avere un impatto sorprendentemente negativo sul nostro lavoro. In un certo modo, quando svolgi velocemente un lavoro e non ti fermi a controllarlo, stai agendo un po' come qualcuno che si ostina a non voler utilizzare una parte del proprio cervello e che non si ferma a controllare ciò che ha fatto, guardandolo in prospettiva al fine di verificare se ha senso.

Così come ha detto l'eminente neuroscienziato Vilayanur S. Ramachandran, l'emisfero destro serve come una specie di avvocato del diavolo che mette in discussione lo status quo e cerca incongruenze generiche, mentre l'emisfero sinistro, al contrario, cerca di aggrapparsi allo stato delle cose. Questo ci ricorda il lavoro dello psicologo Michael Gazzaniga, che ha suggerito che l'emisfero sinistro interpreta il mondo in accordo ai nostri desideri e farà sforzi immensi affinché queste interpretazioni non cambino.

Quando lavori in modalità focalizzata, è facile commettere errori minori che producono risultati senza senso, ma che non importano, perché la modalità focalizzata dell'emisfero sinistro associa un desiderio al fatto di aggrapparsi a ciò che hai fatto. Questo è il problema della concentrazione. A volte ci fornisce una focalizzazione analitica e ottimista, nonostante l'abbondanza di prove che suggeriscono che esiste anche un potenziale per l'egocentrismo.

Tuttavia, quando sei consapevole di questo problema e fai un passo indietro per riguardare ciò che hai fatto, o quello che hai appreso, stai permettendo che ci sia maggiore interazione tra i due emisferi cerebrali, sfruttando così le prospettive e le capacità particolari di ognuno.

Nel prossimo capitolo daremo un'occhiata un po' più approfondita al cervello.

Capitolo 3
UN'OCCHIATA AL TUO CERVELLO

Diamo un'occhiata al tuo cervello. Se sei un adulto, il tuo cervello pesa circa 1,4 chili, ma consuma 10 volte più energia rispetto al peso del resto del corpo. E' un organo molto dispendioso ed è il dispositivo più complesso che esiste nell'universo conosciuto. Tutti i tuoi pensieri, le speranze e le paure vivono nei neuroni del tuo cervello.

E' stata una sorpresa scoprire che ciò che facciamo così bene e diamo per scontato come funzioni basilari, come vedere, ascoltare, raggiungere obiettivi o correre, sono problemi molto più complessi di ciò che pensavamo e neanche i computer con la maggiore capacità di calcolo del mondo potrebbero realizzarli al nostro stesso livello.

I cervelli si sono evoluti per aiutarci a destreggiarci in ambienti complessi e la maggior parte del lavoro si realizza al di sotto del nostro livello di consapevolezza. Ad oggi conosciamo solamente una frazione molto piccola di tutta l'attività che si svolge nel cervello, ma tramite tecniche di diagnostica per immagini sappiamo che esistono milioni di miliardi di sinapsi (connessioni tra neuroni) nel nostro cervello, dove si immagazzinano i ricordi. Anticamente si credeva che una volta che il cervello cresceva, l'intensità e la quantità delle sinapsi non cambiava molto durante il corso della vita, a meno che non si verificasse un danno cerebrale. Tuttavia, ora sappiamo che la connessione cerebrale è attiva durante tutta la vita e con le nuove tecniche ottiche siamo riusciti a vedere che c'è una rotazione costante di sinapsi, ovvero, a mano a mano che si formano nuove connessioni, altre scompaiono (e viceversa). Questo dimostra che oggi non sei la stessa persona che eri ieri. Vale a dire, andiamo a dormire con un cervello e ci svegliamo con uno aggiornato.

Questo solleva una domanda: con tanta rotazione neuronale, come rimangono stabili i ricordi durante tanti anni? Scopriremo la risposta nel seguente capitolo sulla memoria, ma prima impareremo cosa sono i neuromodulatori.

Motivazione e neuromodulatori

La maggior parte dei neuroni che si trovano nella tua corteccia cerebrale trasportano le informazioni riguardo a quello che sta accadendo intorno a te e riguardo a quello che stai facendo. Inoltre il tuo cervello ha un insieme di sistemi neuromodulatori che portano informazioni non tanto sul contenuto di un'esperienza, quanto sulla sua importanza e il suo valore per il tuo futuro. I neuromodulatori sono agenti chimici che influenzano il modo in cui un neurone risponde ad un altro neurone. In questo capitolo parleremo di tre di essi: acetilcolina, dopamina e serotonina.

I neuroni di acetilcolina formano connessioni neuromodulatorie che sono molto importanti per l'apprendimento focalizzato, ovvero, quando concentri tutta la tua attenzione. Questi neuroni di acetilcolina vengono largamente proiettati e attivano circuiti che controllano la plasticità sinaptica, cosa che porta alla creazione di nuovi ricordi a lungo termine.

Anche i neuromodulatori hanno un profondo impatto sulla tua mente subconscia. Una delle grandi scoperte riguardo al cervello è stata che la nostra motivazione è dominata da una sostanza chimica chiamata dopamina, che si trova in un piccolo insieme di neuroni ubicati nel tronco cerebrale. Questi neuroni di dopamina formano parte del grande sistema cerebrale che controlla l'apprendimento tramite ricompensa e liberano dopamina quando ricevono una ricompensa inaspettata. I segnali della dopamina si proiettano ampiamente ed hanno un effetto importante. Questo effetto riguarda anche il processo decisionale, e anche il valore degli input sensoriali.

La dopamina non si occupa solo delle ricompense immediate, ma anche di anticipare future ricompense. Questo può motivarti a fare qualcosa che non ti ricompensi ora, ma che porti ad una ricompensa molto migliore nel futuro. Le droghe additive aumentano artificialmente l'attività della dopamina e ingannano il cervello affinché pensi che sia successo qualcosa di meraviglioso, anche se in realtà è accaduto proprio il contrario. Questo è ciò che porta a fame chimica e dipendenza.

La perdita dei neuroni di dopamina produce una carenza della motivazione e una cosa chiamata anedonia, ovvero la perdita di interesse nelle cose che prima davano piacere. La perdita grave di dopamina causa tremori durante uno stato di riposo, lentezza e rigidità. Questo stato è noto come Morbo di Parkinson. Alla fine porta alla catatonia, ovvero alla mancanza assoluta di movimento.

La serotonina è un terzo sistema neuromodulatore che influisce fortemente sulla tua vita sociale. Nei branchi di scimmie il maschio alfa ha il più alto livello di attività di serotonina e il maschio di rango minore ha il livello più basso. Il Prozac, che viene prescritto per i casi di depressione clinica, alza il livello di attività della serotonina. Il livello di serotonina si associa anche ai comportamenti a rischio. Le scimmie con bassi livelli di serotonina sono più imprudenti, così come anche i prigionieri che si trovano in carcere per crimini violenti hanno i livelli più bassi di serotonina rispetto al resto della società.

Per concludere, le tue emozioni influiscono fortemente sulla tua capacità di apprendimento. Prima si credeva che le emozioni fossero separate dalla regione cognitiva, ma ricerche recenti hanno mostrato che le emozioni sono interconnesse alla percezione, all'attenzione e interagiscono con l'apprendimento e la memoria.

L'amigdala è una struttura a forma di mandorla collocata alla base del cervello, ed è uno dei maggiori centri nei quali si integrano effettivamente la cognizione e l'emozione. L'amigdala è parte del sistema limbico, e unita all'ippocampo si occupa di processare i ricordi e del processo decisionale, così come della regolazione delle reazioni emozionali. Per imparare efficacemente, devi mantenere felice la tua amigdala. Le emozioni e i tuoi sistemi neuromodulatori sono più lenti della percezione e dell'azione, ma non sono meno importanti per quello che riguarda l'apprendimento.

Se vuoi saperne di più sull'acetilcolina, sulla dopamina e sulla serotonina, ti consiglio di cercare su www.brainfacts.org, un sito web pieno di informazioni valide riguardo al cervello, sebbene sia in inglese, ma nulla che il traduttore di Google non possa risolvere.

Capitolo 4
LA MEMORIA

Probabilmente non ti sorprenderà sapere che abbiamo uno straordinario sistema di memoria visiva e spaziale che ci può aiutare a potenziare il potere del nostro cervello. Se ti chiedo di dare un'occhiata ad una casa che non hai mai visto prima, in poco tempo avrai un'idea della distribuzione generale dei mobili, di dove sono le stanze, dei colori delle pareti, e anche dei colori dei farmaci nel mobiletto del bagno. In pochi minuti la tua mente acquisirà e conserverà mille nuovi pezzi di informazioni che rimarranno nella tua mente per settimane. Al contrario, se ti limitassi solamente a leggere le caratteristiche della casa, probabilmente le informazioni che conserveresti sarebbero molte di meno.

I nostri antenati non hanno mai avuto bisogno di una grande memoria per ricordare nomi e numeri, ma avevano bisogno di ricordare come tornare a casa dopo essere andati a caccia per molti giorni. Le necessità evolutive ci hanno aiutato a consolidare un sistema superiore di memoria per ricordare dove si trovano le cose e come sono fatte.

Per cominciare a sfruttare questo sistema di memoria visiva, devi semplicemente creare un'immagine davvero indimenticabile che rappresenti qualcosa di importante che vuoi ricordare. Un'immagine ti aiuta ad incapsulare un concetto apparentemente noioso e difficile da ricordare, ed a collegarlo direttamente con i centri spaziali dell'emisfero destro del cervello.

Questo è il principio fondamentale su cui si basa una delle migliori tecniche di memorizzazione esistenti, chiamata palazzo della memoria, e la imparerai un po' più avanti, ma ora vediamo le diverse tipologie di memoria che possiede il nostro cervello.

Tipologie di memoria

Esistono due tipologie di memoria: la memoria a lungo termine e la memoria di lavoro. Quando pensi a quando eri bambino, stai utilizzando delle parti del cervello che sono collegate alla memoria a lungo termine. Quando ciò che fai è cercare di trattenere alcune idee nella mente per collegarle con altre in modo da comprendere un concetto o risolvere un problema, stai utilizzando la tua memoria di lavoro. Ovviamente, a volte porti cose della memoria a lungo termine verso la memoria di lavoro per poter pensare ad esse. Quindi, le due tipologie di memoria sono relazionate.

Importante: La memoria di lavoro è nota anche come memoria a breve termine, ma preferisco riferirmi ad essa come memoria di lavoro, dato che è per questo che la utilizziamo.

In realtà, esistono molte altre forme di memoria, ma per questo corso sull'apprendimento parleremo unicamente di questi due sistemi.

Quindi, la memoria di lavoro è la parte della memoria che ha a che vedere con ciò che stiamo processando in questo momento e consapevolmente. E' concentrata nella corteccia prefrontale, anche se come vedremo in seguito esistono anche connessioni ad altre parti del nostro cervello, di modo che possiamo avere accesso ai ricordi a lungo termine.

Fino a relativamente poco tempo fa, i ricercatori pensavano che la nostra memoria di lavoro avesse la capacità di contenere circa 7 elementi o frammenti di informazioni, ma adesso si crede che possa contenere solamente circa 4 frammenti di informazione. Una metafora utile è pensare alla nostra memoria come se fosse un computer che ha solamente 4 slot per contenere informazioni

La nostra memoria di lavoro è come una lavagna, ma non è una lavagna molto efficace. Molte volte è necessario ripetere quello che stiamo cercando di apprendere perché si fissi nella nostra memoria di lavoro, ad esempio, a volte ti ripeti un numero di telefono fino a che non hai l'opportunità di scriverlo. La ripetizione è necessaria affinché i processi dissipatori naturali della nostra attenzione non facciano sparire questi ricordi. Potresti anche chiudere gli occhi per evitare che altri problemi si intromettano nella tua limitata attenzione e memoria di lavoro mentre ti concentri.

L'altra forma di memoria, quella a lungo termine, è come un magazzino, e come tale è distribuito su una grande area. I differenti tipi di ricordi a lungo termine si immagazzinano in differenti regioni del cervello. Le ricerche hanno dimostrato che per convertire un ricordo a breve termine in uno a lungo termine, abbiamo bisogno di rivederlo varie volte per aumentare la probabilità di tornare a trovarlo in seguito quando ne abbiamo bisogno. La capacità di immagazzinamento della memoria a lungo termine è immensa. Di fatto, può avere così tanti aspetti che questi possono nascondersi a vicenda, rendendo difficile trovare le informazioni che servono, a meno di non fare un po' di pratica. La memoria a lungo termine è importante perché lì immagazziniamo i concetti e le tecniche fondamentali che sono collegate a qualunque cosa stiamo imparando.

Quando ci troviamo davanti a qualcosa di nuovo, spesso utilizziamo la nostra memoria di lavoro per gestirlo. Se vogliamo spostare intenzionalmente questa informazione verso la nostra memoria a lungo termine, si devono investire tempo e pratica. Per facilitare questo processo si utilizza una tecnica chiamata ripetizione spaziata. Questa tecnica consiste nel ripetere ciò che stiamo cercando di trattenere, ma la chiave è la frequenza. La ricerca ha dimostrato che se cerchiamo di ricordare qualcosa ripetendolo 20 volte in una notte, ad esempio, non lo ricorderemo così bene come se lo ripetessimo la stessa quantità di volte distribuita durante vari giorni. Se non permettiamo che passi il tempo necessario perché si formino e si rafforzino le connessioni sinaptiche, non avremo una struttura di base sulla quale costruire i nostri ricordi.

Vivere senza memoria

Riesci ad immaginare come sarebbe vivere se non potessi imparare cose nuove, né ricordare le persone che hai appena conosciuto? Questo è ciò che è successo ad un paziente molto famoso negli annali della ricerca neurologica, identificato con le iniziali HM.

A 27 anni, HM è stato operato perché soffriva di attacchi epilettici, e gli è stato rimosso l'ippocampo, una struttura che si trova all'interno del lobo temporale del cervello. L'ippocampo ha la forma di un cavalluccio marino e il suo nome deriva dal greco hippos, che significa cavallo, e campos, ovvero mostro marino.

L'operazione di HM è stata un successo, dato che lo ha curato dall'epilessia, ma ha avuto un prezzo altissimo. HM ha perso la capacità di ricordare cose nuove. E' rimasto profondamente amnesico. Curiosamente, si poteva avere una conversazione normale con HM, ma se si usciva dalla stanza per pochi minuti, lui non riusciva a ricordarsi né di te né di cosa si stava parlando. Nel film Memento, il personaggio interpretato da Guy Pearce soffre di questo tipo di amnesia in seguito ad una commozione cerebrale.

HM poteva imparare alcune cose, come nuove abilità motorie, ma in seguito non riusciva a ricordarsi di averle apprese. Questo si deve al fatto che ci sono molti sistemi di memoria per differenti tipi di apprendimento. A partire dallo studio di HM e di altri pazienti con danni neurologici simili, abbiamo appreso che l'ippocampo è una parte importante del sistema cerebrale per imparare e ricordare fatti ed eventi.

Senza l'ippocampo non è possibile conservare nuovi ricordi nella corteccia cerebrale (processo chiamato consolidamento della memoria). HM poteva ricordare fatti della sua infanzia, ma faticava a ricordare cose che erano accadute negli anni immediatamente precedenti all'operazione, ovvero, cose che non si erano consolidate completamente. Qualcosa del genere accade quando le persone soffrono una commozione cerebrale, ma di solito il problema si risolve, a differenza di HM, che non migliorò mai.

I ricordi sono una parte viva del cervello, respirano e cambiano in continuazione. I nostri ricordi sono intrecciati e a mano a mano che impariamo cose nuove, i nostri ricordi più antichi cambiano. Quindi, se rammenti un ricordo, questo si trasforma tramite un processo chiamato riconsolidamento. E' anche possibile impiantare falsi ricordi che non si differenziano da quelli veri, tramite suggerimenti e immaginazione. Un caso molto interessante di processo di impianto di falsi ricordi si può vedere nel film *"Regression"*, con protagonista Emma Watson e basato su fatti realmente accaduti.

Bene, ora facciamo un po' di pratica e di seguito vedremo la mia tecnica preferita di memorizzazione: *il palazzo della memoria.*

Il palazzo della memoria o metodo dei Loci

"La memoria è il tesoro e il guardiano di tutte le cose." - Marco Tullio Cicerone

La buona memoria è una capacità assolutamente necessaria a livello personale e professionale. Negli ultimi anni è diventata popolare e ci sono persino competizioni mondiali di memorizzazione nelle quali i concorrenti devono memorizzare la maggior quantità di informazioni in un periodo di tempo limitato.

Potresti pensare che questi concorrenti hanno un cervello speciale, ma la verità è che chiunque ha il potenziale di farlo se utilizza gli strumenti adeguati. Non ho alcun dubbio che rimarrai sorpreso dalla facilità con la quale puoi aumentare il tuo potere di memoria. Dimenticati di ciò che altri dicono sull'età, non si è mai troppo giovani o troppo vecchi per imparare queste capacità.

A titolo illustrativo, quelli seguenti sono alcuni registri ufficiali dei campionati mondiali di memorizzazione:

- Simon Reinhard dalla Germania è riuscito a memorizzare un mazzo di 52 carte in 21,19 secondi.

- Jonas von Essen dalla Svezia è riuscito a memorizzare 380 cifre che erano state pronunciate.
- Ben Pridmore dall'Inghilterra ha ricordato 28 mazzi (1.456 carte) in un'ora ed è riuscito a memorizzare 4.140 cifre di numeri binari (catene di numeri formate da 1 e 0) in 30 minuti.
- Un secondo risultato per Simon Reinhard è stato che è riuscito a ricordare il nome di 186 persone.
- Johannes Mallow detiene il titolo per aver memorizzato 132 date e relativi eventi in cinque minuti e per aver ricordato la sequenza di 492 immagini astratte in 15 minuti.

Bene, credo che come preambolo sia sufficiente, quindi cominciamo!

Il Metodo dei Loci è uno dei sistemi di memorizzazione più antichi e ultimamente è diventato popolare per la sua apparizione in serie televisive come Sherlock Holmes. Il sistema si basa sul fatto che è molto facile ricordare cose associate a luoghi che ci sono familiari. Devi solo vincolare l'informazione che devi ricordare con un luogo che conosci molto bene e questo ti servirà da pista per ricordare.

Secondo Cicerone nella sua *"Rhetorica ad Herenium"*, il sistema fu sviluppato dal poeta Simonide de Ceos, che fu l'unico sopravvissuto al crollo di un edificio durante una cena, e Simonide riuscì a ricordare facilmente tutti gli invitati grazie alla loro posizione.

Come utilizzarlo?

Per utilizzare il Metodo dei Loci è necessario associare le cose che si desiderano ricordare con le posizioni di una stanza, edificio o strada conosciute. Poi, per recuperare l'informazione, devi semplicemente fare una passeggiata immaginaria per il posto scelto e le immagini appariranno immediatamente nella tua mente. Per aumentare l'efficacia di questa tecnica, devi visualizzare un oggetto collegato ad un'azione nella posizione determinata. Di seguito, comprenderai meglio a cosa mi riferisco.

Cominciamo a costruirlo

1. Pensa ad un luogo che conosci già molto bene.

Ti consiglio di utilizzare un percorso all'interno della tua casa.

2. Ora identifica posizioni specifiche durante il percorso.

Per il nostro primo esercizio abbiamo bisogno di 10 posizioni e un percorso logico che le attraversa. Considera che devi fare sempre lo stesso percorso, altrimenti probabilmente otterrai solamente un blocco mentale quando cerchi di ricordare. Ad esempio, pensa alla tua casa e al percorso che va dalla porta d'ingresso fino alla tua stanza, e identifica 10 oggetti o posizioni lungo questo percorso.

Facciamo pratica.

Memorizza una lista della spesa

Qui c'è una semplice lista della spesa da memorizzare:

- Pomodori
- Tè
- Lampadina
- Latte
- Uova
- Vino

- Sapone
- Forbici
- Dentifricio
- Gelato

Cerca di memorizzare questa lista collocando ogni elemento in una delle posizioni del tuo percorso mentale.

Questo è un esempio riguardo alla collocazione degli articoli lungo il tuo percorso mentale:

1. Pomodori

Visualizzando la porta di casa tua, immagina qualcuno che lancia pomodori contro di essa. Devi creare immagini vivide, in maniera da non visualizzare una semplice immagine, ma cercando di utilizzare tutti i tuoi sensi. Puoi anche immaginare che parte del succo ti sia schizzato sui vestiti.

2. Tè

A mano a mano che ti addentri in casa, immagina di aver accidentalmente versato del tè sulla poltrona.

3. Lampadina

Immagina una lampadina enorme in una lampada che pende sopra la poltrona. Le immagini più assurde sono più facili da ricordare.

4. Latte

Immagina una grassa mucca da latte che blocca il corridoio che porta alla tua stanza.

5. Uova

Immagina di entrare nella tua stanza e vedere il tuo letto completamente ricoperto di uova, come se fosse un nido gigante.

6. Vino

Immagina di entrare in bagno, e che dalla doccia esce vino caldo. Cerca di sentirne il forte odore o il sapore.

7. Sapone

Immagina una enorme saponetta sul lavandino del bagno.

8. Forbici

Immagina delle forbici giganti usate per fare a pezzi gli asciugamani, dei quali ancora galleggiano alcuni pezzi nell'aria.

9. Dentifricio

Immagina di aprire il water, e vedere che qualcuno ci ha spremuto dentro diversi tubetti di dentifricio.

10. Gelato

Immagina di guardare la vasca da bagno e che sia piena di gelato. Senti il freddo e l'odore del gelato che contrasta con il vino caldo che scende dalla doccia.

Una volta che hai finito di collocare tutti gli articoli della tua lista in giro per casa, inizia di nuovo il percorso dalla porta principale. Vedrai istantaneamente pomodori sulla porta, tè sulla poltrona e così via. Tieni presente che quanto più insolite sono le immagini, più facile sarà ricordarle.

Dopo aver preso confidenza con il sistema, puoi costruire palazzi molto più grandi e più imponenti, come una strada del tuo quartiere, la tua scuola, il tuo ufficio, o anche un centro commerciale.

Ora provaci tu.

Lista della spesa:

- Cipolle
- Ciliegie
- Pizza
- Miele
- Pasta
- Olive
- Sale
- Salmone

- Spremuta
- Batterie

Lista di cose da fare:

- Leggere un libro
- Augurare a tua madre buon compleanno
- Pagare le bollette
- Lavare la macchina
- Fare la lavatrice
- Fare la spesa
- Inviare una mail
- Lavare il cane
- Tagliarsi i capelli
- Fare 50 addominali

In realtà, non ti consiglio di memorizzare liste di cose da fare. Esistono altre tecniche più efficaci per ricordarle e lavorarci su, ma in questo caso è un buon esercizio per fare pratica. Assicurati di creare immagini insolite che ricorderai all'istante.

La prima volta che lo farai sarà un lavoro lento. Prenditi del tempo per evocare un'immagine mentale solida, ma più lo fai, più diventerà rapido. Uno studio ha dimostrato che una persona media che utilizza la tecnica del palazzo della memoria può ricordare fino al 95% di una lista di 40 articoli dopo solo due camminate mentali di prova.

I puristi pensano che utilizzare strani trucchi di memorizzazione non sia un vero apprendimento, ma ciò che importa è il risultato, e le ricerche dimostrano che gli studenti che utilizzano questi trucchi ottengono risultati migliori rispetto a quelli che non li usano.

I trucchi di memoria ti permettono di espandere la tua

memoria di lavoro e migliorare l'accesso alla memoria a lungo termine. In più, il processo di memorizzazione in se stesso si converte in un esercizio di creatività. Più memorizzi utilizzando questa tecnica, più diventerai creativo, dato che in questo modo stai costruendo connessioni neuronali strane e impreviste.

Capitolo 5
FRAMMENTAZIONE

I frammenti sono pacchetti compatti di informazioni ai quali la tua mente più accedere con facilità. In questo capitolo parleremo di come puoi creare questi frammenti e come li puoi utilizzare per migliorare la tua comprensione e la tua creatività. Inoltre parleremo delle illusioni di competenza nell'apprendimento, che si verificano quando utilizzi metodi inefficaci di apprendimento che ingannano la tua mente e ti fanno credere di star imparando qualcosa quando in realtà stai solo perdendo tempo.

Che vuol dire frammentare?

Frammentare è il processo mentale che ti aiuta ad unire pezzi di informazioni tramite il loro significato. Se pensi ad un puzzle, un frammento è uno dei suoi pezzi. Un frammento è un'unità logica facile da ricordare e inoltre è facile che questo frammento diventi parte dell'immagine più grande che forma ciò che stai apprendendo.

Se cerchi semplicemente di memorizzare un fatto senza comprenderlo o al di fuori di un contesto, non capirai davvero cosa sta accadendo né come il concetto si conforma agli altri elementi che stai apprendendo. E' come avere un pezzo di un puzzle senza bordi che si incastrino o si assemblino con altri pezzi.

Abbiamo già parlato della memoria di lavoro e una delle sue funzioni principali è quella di focalizzare l'attenzione per connettere parti e unire idee, ovvero, ci aiuta a creare frammenti. E' interessante che quando siamo stressati, il nostro cervello inizia a perdere la capacità di fare alcune di queste connessioni. Lo stesso accade quando siamo annoiati o spaventati.

In neuroscienza si dice che i frammenti siano pezzi di informazione collegati tramite il significato o l'utilizzo. Ad esempio, possiamo prendere le lettere R, C, O, e K e collegarle in un frammento concettuale facile da ricordare. In questo caso ti sto dando semplicemente lettere sparse da ricordare, ma probabilmente il tuo cervello ha formato la parola ROCK. Dentro questo frammento ROCK, c'è una sinfonia di neuroni che si separano e si uniscono in un collegamento mentale brillante che rafforza nella tua mente la relazione tra le lettere R, C, O, K e altre idee. Questo collegamento mentale brillante è ciò che conosciamo come impronta di memoria, collegato, ovviamente, a molte altre impronte di memoria connesse tra loro.

Quindi, un frammento è una rete di neuroni che di solito si dividono in gruppi per poter avere un pensiero o eseguire un'azione in modo efficace. La pratica focalizzata, la ripetizione o la creazione di impronte di memoria ci aiutano a creare frammenti. Il cammino verso l'esperienza si costruisce a poco a poco via via che piccoli frammenti diventano più grandi unendosi ad altri frammenti a seconda del significato.

Una volta che crei un frammento da un'idea, un concetto

o un'azione, non hai più bisogno di ricordare tutti i piccoli dettagli relativi. Hai l'idea principale, il frammento, ed è sufficiente. Una volta che diventi consapevole di questa caratteristica del funzionamento del tuo cervello, è sorprendente comprendere la complessa spirale di attività relative che vengono svolte da un singolo frammento di pensiero.

Vediamo un esempio. Se stai imparando a suonare una canzone con la chitarra, la rappresentazione neurale della canzone nella tua mente può considerarsi come un grande frammento. Prima devi captare piccoli pezzi della canzone che si convertono in piccoli frammenti, che a loro volta si uniscono per formare frammenti più grandi. Per riassumere, crea piccoli mini frammenti neurali che in seguito puoi intrecciare gradualmente in frammenti neurali più grandi. A quel punto puoi unire questi frammenti grandi convertendoli in frammenti ancora più grandi e più complessi ai quali potrai accedere in qualunque istante.

I frammenti migliori sono quelli che sono così strettamente incastrati che non devi neanche pensare coscientemente di collegarli per creare lo schema neurale. Di fatto, è il punto in cui le idee, i movimenti e le reazioni complesse si convertono in un frammento unico. Puoi vederlo nell'apprendimento delle lingue. Spesso, quando stai iniziando ad imparare una nuova lingua, serve molta pratica semplicemente per riuscire ad utilizzare la sfumatura, il tono e l'accento corretti di un'unica parola, e poi per concatenare frasi improvvisate serve la capacità di mescolare in maniera creativa vari mini frammenti e frammenti complessi della nuova lingua. Perché tu capisca ciò che voglio dire, cerca di ripetere e ricordare il seguente scioglilingua in idioma Kannada (parlato in India):

"Terikere yri male muru kari kurimari meyuthiddavu".

Non è facile, vero? A meno che tu non sia nativo di

Kannada, avrai sicuramente problemi a ricordare più di tre parole, perché non hai alcun frammento nel tuo cervello al quale collegare questa nuova informazione.

Imparare matematica e scienza implica la stessa concentrazione. Quando stai imparando dei nuovi argomenti matematici e scientifici, avrai spesso a disposizione dei problemi con le loro soluzioni esplicite. Avrai tutti i dettagli, e devi solo capire perché le varie fasi dello svolgimento si susseguono in quel modo. Tuttavia, esiste uno svantaggio ad utilizzare problemi già risolti per cominciare a formare frammenti, ed è che potrebbe essere troppo facile concentrarsi nella memorizzazione delle singole fasi invece di vedere la connessione tra i passaggi. Ovvero, ci dimentichiamo di pensare al **perché** questo singolo passaggio è quello da compiere per arrivare alla soluzione.

Di seguito vedremo i 3 passaggi per creare frammenti.

Processo di 3 passaggi per frammentare

Passo 1:

Il primo passo per creare frammenti è semplicemente concentrare tutta la tua attenzione nell'informazione che vuoi frammentare. Se hai la televisione accesa in sottofondo, o se ogni pochi minuti controlli il cellulare o la posta elettronica, ti sarà molto difficile creare frammenti, perché in realtà il tuo cervello non si sta concentrando nella frammentazione di materiale nuovo.

Quando cominci ad apprendere qualcosa, crei nuovi schemi neurali e li colleghi a schemi preesistenti sparsi in varie aree del tuo cervello, e quando ti distrai il tuo cervello non riesce a vedere tutto ciò di cui ha bisogno perché sta utilizzando i suoi limitati spazi di memoria di lavoro in altri pensieri.

Passo 2:

Il secondo passo per frammentare consiste nel comprendere l'idea di base o l'essenza di ciò che si sta cercando di frammentare, sia che si tratta di comprendere la connessione tra elementi di base della trama di una storia, capire il principio economico di domanda e offerta, o comprendere l'essenza di un particolare tipo di problema matematico. Puoi capire l'essenza delle cose in modo abbastanza naturale se permetti che le tue modalità di pensiero focalizzata e diffusa facciano a turno per aiutarti a capire ciò che sta succedendo. Capire è il processo di creazione di impronte di memoria e collegamento delle stesse con altre impronte di memoria vicine.

Puoi creare un frammento se non ne comprendi l'essenza? Sì, ma nella maggior parte dei casi sarà un frammento inutile che non si collegherà con altre informazioni che stai apprendendo.

Detto questo, è importante rendersi conto che capire semplicemente *"come"* si è risolto un problema non porta necessariamente alla creazione di un frammento al quale potrai accedere facilmente in seguito. Non confondere un progresso nella comprensione con una solida esperienza. Il semplice fatto di guardare un'opera d'arte realizzata da qualcun altro non significa che puoi ricreare quella stessa opera d'arte. Solo perché lo vedi o anche se lo comprendi, non significa davvero che lo puoi fare. Ti accorgerai spesso che la prima volta che davvero comprendi qualcosa è quando lo fai tu stesso. Succede lo stesso in molte discipline. Se stai cercando di apprendere qualcosa collegato alla matematica e alla scienza, chiudi il libro e mettiti alla prova per vedere se puoi risolvere da solo il problema che credi di aver capito. Questo accelererà il tuo apprendimento e ti aiuterà a creare gli schemi neurali che sono alla base della vera padronanza.

Un segreto per frammentare le idee di base consiste nel non affrontare direttamente i problemi complessi. Per prima cosa dedicati a comprendere profondamente le idee semplici. Focalizza la tua attenzione su quello che è davvero importante. Sii spietatamente onesto rispetto a ciò che sai e ciò che non sai. Trova ciò che manca, identifica i vuoti e riempili. Dimentica i tuoi pregiudizi e nozioni preconcette.

Se stai studiando la storia dell'umanità, invece di memorizzare fatti separati (quando è iniziata la Prima Guerra Mondiale, quando è terminata, ecc.), cerca di comprendere la storia di fondo, le motivazioni delle civiltà, l'importanza dei ricorsi naturali, e l'evoluzione dei valori sociali.

Puoi comprendere meglio qualunque cosa se applichi questo principio. I veri esperti approfondiscono continuamente la loro padronanza dei concetti di base. In tutto ciò che fai, affina le tue capacità e conoscenze sui concetti fondamentali e sui casi semplici. Una volta non basta mai. A mano a mano che riesamini i fondamenti, troverai nuove prospettive. Potrebbe sembrarti che tornare a riesaminare gli aspetti basilari sia un passo indietro che richiede tempo e sforzo in più, tuttavia, costruendo solide fondamenta vedrai le tue abilità svilupparsi più rapidamente.

"Se non puoi risolvere un problema, allora c'è un problema più facile che puoi risolvere: trovalo". - George Polya

FACCIAMO PRATICA. Pensa a qualcosa che vorresti imparare o

un ambito nel quale vorresti migliorare e comprendere meglio. Investi 5 minuti per scrivere i componenti specifici di questo argomento. Ora scegli uno degli elementi da questa lista e passa 30 minuti migliorando attivamente la tua padronanza su questo punto. Osserva come lavorare sulle basi rende possibile portare la tua conoscenza ad un livello superiore. Applica questo esercizio a qualunque cosa credi di sapere o che vuoi imparare.

Ad esempio, se volessi apprendere la base dell'economia:

Primo: fai un brainstorming di tutti gli argomenti collegati a questo tema. Ad esempio, massimizzare gli utili, domanda e offerta, equilibrio tra la domanda e offerta, ecc. Probabilmente a questo punto la tua lista sarà incompleta. Cosa che va molto bene.

Secondo: Migliora la tua conoscenza su *"domanda e offerta"*. Ad esempio, *"capisco il significato della curva di domanda e offerta. L'asse orizzontale mostra la quantità e l'asse verticale il prezzo. Capisco perché la curva della domanda scende a mano a mano che procediamo verso destra, mentre la curva dell'offerta sale verso destra. So che l'equilibrio è il punto nel quale si intersecano queste due curve, ma non capisco cosa significa l'area a sinistra del grafico dove il prezzo della domanda è maggiore di quello dell'offerta."*

Come vedi hai individuato una mancanza di conoscenza in un'idea di base. Ora sai su cosa devi cominciare a lavorare. Una solida comprensione delle idee di base ti permetterà di progredire molto più rapidamente in futuro. La profondità con cui padroneggi le idee di base di un argomento influenzerà quanto bene apprenderai in futuro.

Ora provaci tu. Comprendi davvero le idee di base che vuoi padroneggiare? Apri un nuovo documento sul computer, o usa carta e penna. Senza cercare su fonti esterne, fai un riassunto dettagliato dei fondamenti dell'argomento. Puoi scrivere una descrizione coerente, precisa e comprensiva dei fondamenti? Hai dei vuoti di conoscenza? Hai difficoltà a trovare esempi per rappresentare i principi fondamentali? Non riesci ad unire tutti i pezzi per creare un quadro generale?

Ora metti a confronto il tuo sforzo con fonti esterne (libri, internet, esperti). Quando trovi una debolezza nella tua comprensione, entra subito in azione. Impara metodicamente i principi fondamentali e collega le parti che già comprendi.

Ripeti regolarmente questa pratica a mano a mano che apprendi concetti più avanzati sull'argomento, e riguarda gli esercizi precedenti per vedere quanto sei migliorato. Ogni ritorno alle idee di base approfondirà la tua comprensione dell'argomento in generale.

Passo 3:

Il terzo passo per la frammentazione è comprendere il contesto, in modo da vedere non solo come, ma anche quando utilizzare questo frammento. Contesto significa andare oltre il problema iniziale e avere una visione più ampia, ripetere e praticare con problemi collegati e non collegati, in modo da poter vedere non solo quando utilizzare il frammento, ma anche quando non utilizzarlo. Questo ti aiuta a vedere come il tuo frammento appena formato di adatta ad un insieme più grande.

In definitiva, la pratica ti aiuta ad ampliare la rete di neuroni connessi al tuo frammento, assicurando non solo che sia solido, ma anche accessibile da molti punti differenti.

Esistono due processi di frammentazione. Il processo

che va dall'alto al basso (dal generale ai dettagli) e quello che va dal basso verso l'alto (dai dettagli al generale).

Nel processo di frammentazione che va dal basso verso l'alto, esercitarsi e ripetere può aiutarti a costruire e fortificare ogni frammento, in modo da potervi accedere ogni volta che ne hai bisogno. Al contrario, il processo dall'alto verso il basso ti permette di vedere ciò che stai imparando e dove si può utilizzare. Entrambi i processi sono vitali per padroneggiare ciò che vuoi imparare.

Diciamo che il *"contesto"* è il fattore che unisce entrambi i processi di frammentazione. Ad esempio, la frammentazione può implicare apprendere ad utilizzare certe tecniche per risolvere problemi, e il contesto vuol dire comprendere quando utilizzare questa tecnica e non un'altra. Ad esempio, per fare uso di questa conoscenza quando leggi un libro, un buon esercizio consiste nel dare un'occhiata di due minuti ad un capitolo prima di iniziare a studiarlo, guardando le immagini e i titoli delle sezioni, cosa che ti permetterà di farti un'idea del quadro generale, e poi imparare prima i concetti o i punti importanti. Di solito queste sono le parti fondamentali della struttura di un buon libro, dei diagrammi di flusso, delle tavole o mappe concettuali. Una volta fatto questo, riempi i dettagli. Anche se mancano alcuni pezzi del puzzle quando finisci di studiare, avrai a disposizione il quadro generale.

Quindi, per riassumere, i frammenti si costruiscono meglio se ci si concentra, se si comprendono le idee di base, ed esercitandosi per padroneggiare l'argomento e avere un'idea del contesto e del quadro generale. Questi sono i passi fondamentali per creare un frammento e per adattare questo frammento ad una visione concettuale più ampia di ciò che stai imparando.

Il valore di una biblioteca di frammenti

La capacità di combinare frammenti in modi nuovi e originali è la base di molte innovazioni storiche. Bill Gates e altri leader riservano lunghi periodi di tempo alla lettura e alla riflessione. Questo li aiuta a creare i loro pensieri innovativi permettendo che le idee ancora fresche nella loro mente stabiliscano connessioni neuronali. In pratica, ciò che fanno per potenziare la propria conoscenza e accrescere la loro esperienza è costruire gradualmente frammenti nella loro mente e poi unirli in maniera creativa.

I maestri di scacchi, ad esempio, possono facilmente ricorrere a mille schemi differenti di gioco. I musicisti, i linguisti e gli scienziati possono accedere a frammenti simili di conoscenza delle proprie discipline. Migliore e più allenata è la tua biblioteca mentale di frammenti, qualunque sia l'argomento che stai imparando, più facilmente potrai risolvere problemi e trovare soluzioni.

I frammenti possono aiutarti anche a comprendere nuovi concetti, perché quando raccogli un frammento, scoprirai che questo può essere collegato in modi sorprendenti a frammenti di altri ambiti. Questo si chiama transfert.

Ad esempio, i concetti e i metodi per risolvere problemi che hai imparato in fisica possono essere molto simili a concetti frammentati dell'amministrazione, o magari alcuni aspetti dell'apprendimento di una nuova lingua possono essere molto utili quando stai imparando la programmazione elettronica.

Se hai una biblioteca di concetti e soluzioni interiorizzati come schemi frammentati, così come un giocatore di scacchi ha interiorizzato le risposte a certe mosse, puoi pensare ad essi come una collezione o come una biblioteca di schemi neurali. Quando cerchi di decifrare qualcosa, se hai una buona biblioteca di questi frammenti, puoi *"saltare"* verso la soluzione giusta semplicemente ascoltando (metaforicamente parlando) i sussurri della tua modalità diffusa. La tua modalità diffusa può aiutarti a collegare due o più frammenti in modi differenti per risolvere nuovi problemi.

Ogni volta che crei un frammento, questo riempie una parte del tuo quadro generale di conoscenze, ma se non fai pratica con questi frammenti recenti, andranno perdendo intensità e sarà più difficile visualizzare il quadro completo di ciò che stai cercando di imparare. Quando costruisci una biblioteca di frammenti, non stai solo addestrando il tuo cervello perché riconosca un concetto specifico, ma differenti tipologie di concetti, in maniera che sappia automaticamente come risolvere o affrontare rapidamente ciò che accade. Presto comincerai a notare che compaiono nella tua mente diversi schemi per la risoluzione dei problemi.

Capitolo 6
TECNICHE DI APPRENDIMENTO RAPIDO

Prima di continuare, è importante comprendere che l'apprendimento non avanza in maniera logica, ovvero, non aggiunge ogni giorno un pacchetto di informazioni addizionali alla tua conoscenza. A volte ci si ritrova davanti una parete quando si sta costruendo la propria comprensione e le cose che prima avevano senso improvvisamente possono sembrare confuse. Questo tipo di crisi della conoscenza accade quando la tua mente sta ristrutturando la tua comprensione e costruendo una base più solida. Ad esempio, nel caso degli studenti di lingue, capitano periodi occasionali in cui la lingua straniera sembra del tutto incomprensibile.

Ricorda che richiede tempo assimilare nuove conoscenze. Passerai inevitabilmente per periodi nei quali ti sembrerà di tornare indietro invece che andare avanti nella comprensione di un argomento. Questo è un fenomeno naturale e significa che la tua mente sta lottando profondamente con l'argomento, ma scoprirai che quando emergi da questi periodi di frustrazione temporanea, la tua base di conoscenze farà un passo avanti sorprendente.

Detto questo, di seguito vedremo un paio di tecniche che ti aiuteranno a potenziare la tua capacità di apprendimento.

Il modo migliore per imparare un argomento scritto

Uno dei metodi più utilizzati per cercare di imparare un argomento scritto è semplicemente quello di leggerlo varie volte, ma lo psicologo Jeffery Karpicke ha dimostrato che questo metodo in realtà è molto meno produttivo rispetto ad un'altra tecnica molto semplice.

La tecnica è molto semplice e consiste semplicemente nel *"ricordare"*. Dopo aver letto un argomento, guarda da un'altra parte e verifica ciò che puoi ricordare di quanto hai letto. La ricerca di Karpicke, pubblicata dal Journal Science, presenta solide prove a supporto di questa teoria. I soggetti hanno studiato un testo scientifico e si sono esercitati ricordando la maggior quantità di informazioni possibile. Dopo sono tornati a studiare il testo e hanno ricordato di nuovo. Ovvero, hanno tentato di nuovo di ricordare le idee chiave.

I risultati sono stati che nella stessa quantità di tempo, semplicemente esercitandosi e ricordando l'argomento, gli studenti hanno imparato di più e ad un livello più profondo rispetto a tutti gli altri metodi, compreso tornare a leggere il testo varie volte o disegnare mappe concettuali. Questo apprendimento migliorato è stato valutato quando i soggetti hanno presentato un esame formale, e anche quando si sono messi loro stessi alla prova in maniera informale.

Questo ci dice una cosa importante. Il processo di ricordare in se stesso potenzia l'apprendimento profondo, e ci aiuta ad iniziare a formare frammenti. E' quasi come se il processo di ricordare aiutasse a costruire piccoli ganci neurali ai quali possiamo appendere i nostri pensieri.

Sembra che rileggere sia efficace solamente se si lascia

trascorrere del tempo tra le letture, in modo che si converta in un esercizio di ripetizione spaziata.

Allo stesso modo, ti sorprenderà sapere che devi essere molto attento quando utilizzi la tecnica di evidenziare e sottolineare il testo che stai cercando di comprendere. Altrimenti, non solo è inefficace, ma può anche essere ingannevole. E' come se aver fatto un movimento con la mano ti facesse credere di aver posto il concetto nella tua mente. Questo è ciò che si conosce come *"illusione di apprendimento"*. Se vuoi contrassegnare il testo, cerca innanzitutto di trovare le idee principali prima di contrassegnare qualcosa e sottolinea o evidenzia il meno possibile (al massimo una frase per ogni paragrafo).

Invece, è un'idea molto buona quella di prendere appunti al margine riassumendo concetti fondamentali. Jeff Karpicke, lo stesso ricercatore che ha condotto l'importante studio relativo al ricordo, ha studiato anche l'importanza di prendere appunti. La ragione per cui alle persone piace rileggere i libri che stanno studiando, è perché tenere il libro aperto ci dà l'illusione che anche l'argomento sia nella nostra mente. Questa è un'altra illusione di apprendimento.

Questo ci dice che volere semplicemente apprendere un argomento, e dedicargli molto tempo, non garantisce che lo apprenderemo davvero. Un modo molto utile per assicurarti di apprendere e non ingannarti con le illusioni di apprendimento, è metterti alla prova riguardo a ciò che stai studiando. In un certo modo è quello che fai quando ricordi. Se commetti un errore facendolo, in realtà è una cosa positiva. Ovviamente, non è una cosa buona ripetere gli errori, ma è molto utile commettere errori durante la tua piccola auto-valutazione, perché ti permette di migliorare e correggere il tuo pensiero.

Gli errori sono grandi maestri e fanno risaltare le lacune

e i difetti della tua conoscenza. Ti mostrano anche cosa fare successivamente. Gli errori e le lacune non sono segni di debolezza, ma opportunità di un futuro successo. Spesso un errore è la rivelazione di una lacuna in un pezzo di informazione base della conoscenza. Quando sei bloccato e non sai cosa fare, allora commetti errori specifici che ti mettono in una posizione differente e migliore rispetto all'inizio.

Quello seguente è un altro consiglio molto utile che non si applica solamente all'apprendimento di materiale scritto: riguarda il materiale appreso al di fuori del tuo solito luogo di studio. Non te ne rendi conto, ma quando stai imparando qualcosa di nuovo spesso segui degli indizi subliminali della stanza in cui ti trovavi e dello spazio che ti circondava nel momento in cui stavi originariamente imparando quell'argomento. Questo ti può disorientare quando cerchi di applicare le tue conoscenze in un ambiente totalmente diverso. Ricordare e pensare ad un argomento quando ti trovi in un diverso ambiente fisico ti permette di renderti indipendente dagli indizi subliminali del posto di apprendimento originale.

Nel capitolo seguente imparerai una delle migliori tecniche di apprendimento rapido per gli argomenti più importanti che voglio imparare, *la tecnica Feynman*.

La tecnica Feynman

Questa tecnica di apprendimento porta il nome di Richard Feynman, uno dei fisici più famosi al mondo, e consiste in quattro passi che raggruppano ciò che abbiamo visto finora riguardo al processo di frammentazione.

Passo1: Scegli il tuo concetto

La tecnica di Feynman è ampiamente applicabile, così in questo caso sceglieremo un concetto per spiegare questa sezione: supponiamo di voler comprendere i concetti base della gravità.

Passo 2: Annota una spiegazione del concetto con parole semplici

E' facile o difficile scrivere una descrizione del concetto? Questo è il passo principale di questa tecnica, perché ti dimostra esattamente ciò che comprendi e ciò che non comprendi del concetto. Cerca di spiegarlo con parole semplici, però precise, in modo che anche qualcuno che non sa nulla sull'argomento possa capirlo.

Puoi farlo? O ti capita di dire *"Beh, sai ... la gravità è la gravità!"* Questo passo ti permette di vedere i tuoi punti ciechi e dove la tua spiegazione comincia a sgretolarsi. Se non riesci a completare questo passo, è chiaro che non ne sapevi tanto sull'argomento come pensavi.

Passo 3: Trovare i punti ciechi

SE NON SEI RIUSCITO A TROVARE un modo semplice per spiegare la gravità nel passo precedente, allora è chiaro che hai delle gradi lacune nella tua conoscenza. Questo è il momento di cercare e trovare una maniera di descrivere la gravità con parole semplici. E' possibile che arrivi a qualcosa come: *"La gravità è la forza che fa sì che gli oggetti di massa maggiore attraggano gli oggetti di massa minore."*

Essere in grado di analizzare le informazioni ed esprimerle in termini semplici dimostra la conoscenza e la comprensione. Se non puoi riassumere il concetto in una frase, allora hai ancora punti ciechi che devi risolvere. Questo passo fa un uso intensivo del processo di frammentazione che abbiamo visto in precedenza, quindi ti consiglio di cercare di ricordarlo per rafforzare la tua conoscenza.

Passo 4: Utilizza un'analogia o una metafora

Alla fine, crea un'analogia o una metafora del concetto. Fare analogie tra due concetti richiede una comprensione delle principali caratteristiche di ognuno. Questo passo dimostrerà se davvero comprendi il concetto ad un livello più profondo. Puoi vederlo come la vera prova della tua comprensione e scoprire se ci sono ancora dei punti ciechi nella tua conoscenza.

Questo passo collega anche la nuova informazione con altre già esistenti e ti permette di creare un modello mentale di lavoro per comprendere con maggiore profondità l'argomento in questione.

Ora pensa ad un qualunque argomento importante per te e applica questa tecnica. Come puoi vedere, la tecnica Feynman è un modo molto rapido di scoprire ciò che sai e ciò che credi di sapere, e ti permette di rafforzare rapidamente la tua base di conoscenze.

Capitolo 7

COME OTTIMIZZARE IL TUO CERVELLO

Ottimizzare il cervello vuol dire che il tuo cervello funziona come un motore, e come tale, esistono modi per fare sì che funzioni a livelli ottimali. Quelli seguenti sono modi semplici di migliorare il tuo benessere mentale.

Non fare nulla

Il *"Burn out"* è un termine molto comune nell'attualità e si riferisce allo stato nel quale cadiamo quando spremiamo fino all'ultima goccia di divertimento dalle nostre vite a causa dello stress e dell'eccessiva auto-richiesta di soddisfare tutto ciò che ci viene chiesto.

Ironicamente, questo eccesso di compromesso si converte rapidamente in qualcosa di controproducente perché davvero poche persone hanno una batteria fisica e mentale che riesce a funzionare in questo modo. In quanto a ciò che questo significa per il tuo cervello, la fatica influenzerà la tua chiarezza di pensiero. Tuttavia, ciò che è meno ovvio è che scollegarsi del tutto e non fare nulla in assoluto può essere in realtà una strada verso una maggiore creatività e perspicacia.

Il pensiero è intrinsecamente estenuante ed esigente con la mente, ed è caratterizzato dal fatto che il cervello emette onde beta. Al contrario, il rilassamento e la mancanza di attenzione sono caratterizzati dal fatto che il cervello emette onde alfa.

A cosa si associano le onde alfa? Gli studi realizzati dal professor Flavio Frohlich, tra gli altri, hanno dimostrato che le onde alfa sono associate ad una memoria migliore, al pensiero creativo, e alla felicità. Forse questa è la ragione per la quale la pratica della meditazione è diventata così popolare ai nostri giorni. Coloro che rallentano intenzionalmente il proprio ritmo si pongono in uno stato di liberazione di onde alfa, sperimentano un aumento della felicità e di soddisfazione verso la vita in generale. Le persone che hanno prestazioni migliori a livello mondiale menzionano la meditazione come una parte essenziale della propria routine.

Quando ti rilassi e non fai assolutamente nulla, entri in uno stato che permette alla tua mente di divagare, e in più si rinnova e si ricarica di energie. Se hai bisogno di riposo, resisti alla tentazione di accendere la televisione e cercare un film su Netfilx. Guardare semplicemente una parete bianca o il cielo potrebbe essere un miglior utilizzo del tuo tempo.

Anche dormire è una buona alternativa. La mancanza di sonno si ripercuote su tutto, dalla capacità cognitiva, alla memoria, alla velocità di pensiero (Killgore, 2010). E' stato dimostrato che la mancanza di sonno ha un impatto negativo nelle funzioni cognitive come l'attenzione e la memoria di lavoro. L'attività dell'ippocampo aumenta quando si entra nella fase di sonno profondo, e si crede che questa attività sia il modo che ha il cervello per trasferire le informazioni dalla memoria di lavoro a quella lungo termine.

I ritmi circadiani

I ritmi circadiani sono cambiamenti fisici, mentali e comportamentali che seguono un ciclo di 24 ore e che dipendono principalmente dalla luce e dall'oscurità. In altre parole, il tuo ritmo circadiano è il ciclo biologico che stabilisce come adattarti ad una giornata di 24 ore e controlla quando ti senti assonnato, quando vuoi svegliarti, e quando sei al massimo dell'energia (stato di allerta). E' impossibile rimanere in stato di allerta per tutte le 24 ore del giorno, perché il corpo ha imparato a stabilire qual è il momento migliore per entrare in questo stato.

Perché questo è importante per un rendimento migliore? Pensala in questa maniera: il tuo pensiero sarà molto più efficace se puoi fare il lavoro più difficile quando ti trovi nel tuo momento migliore.

Gli studi hanno dimostrato che le persone tendono a trovarsi al massimo del loro stato di allerta mentale più o meno a mezzogiorno e poi alle 18:00 di ogni giorno, per arrivare alla fine al livello più basso di energia circa alle 3:30 di notte (Taylor & Francis, 2000). Quindi, ha senso svolgere i lavori che necessitano della maggior quantità di creatività, intelligenza e pensiero intorno ai picchi giornalieri di energia, e riservare i lavori semplici per qualunque altro momento.

Devi imparare ad approfittare dei momenti in cui il tuo cervello è nel suo momento migliore naturalmente. Tuttavia, potresti pensare di essere un animale notturno. Potrebbe essere vero, e questo fatto di solito è dovuto ad una differenza genetica tra le persone (Ptacek, Università della California).

Tuttavia, la cosa importante qui è che indipendentemente dal fatto di essere un animale notturno o diurno, continui ad avere picchi e valli di allerta mentale. Questo tipo di programmazione circadiana si applica anche ai tuoi picchi fisici, che casualmente coincidono più o meno con i picchi mentali (Smolensky, Università del Texas, Austin).

Alimenta correttamente il tuo cervello

E' stato dimostrato che gli acidi grassi omega 3 aiutano il funzionamento del cervello e sono biologicamente benefici per i neuroni che compongono le nostre cellule cerebrali. Il 60% del cervello umano è grasso (Chang CY, 2009), quindi si può dire che gli acidi grassi omega 3 contribuiscono in gran misura all'integrità strutturale del cervello. Gli acidi grassi omega 3 contengono EPA e DHA, che agiscono come antinfiammatori nel cervello e nel corpo. La principale fonte di questo tipo di grasso salutare si ottiene tramite pesci grassi come salmone, sardine, trote, o anche attraverso gli integratori.

A volte ancora più importante e fondamentale degli acidi grassi omega 3, è semplicemente mantenersi più idratati possibile. Degli studi hanno dimostrato che se non si è idratati, il tempo di reazione del cervello diminuisce fino al 14% (Università di East London, 2013). Quando hai sete, il tuo cervello è letteralmente occupato ad evitare l'inedia.

Altri studi hanno dimostrato che se hai anche solo l'1% di disidratazione, è probabile che sperimenti fino ad un 5% di diminuzione della funzione cognitiva. Questo tasso di diminuzione si aggrava quanto più ti disidrati. Anche l'acqua è essenziale per l'apporto di nutrienti al cervello e per l'eliminazione delle tossine. Quando il cervello è completamente idratato, lo scambio di nutrienti e tossine sarà più efficiente, cosa che garantirà una migliore concentrazione e uno stato di allerta mentale.

Diminuisci il tuo livello di stress

Mantenere bassi i livelli di stress e ansia non solo ti renderà una persona più felice in generale, ma ti permetterà di continuare a pensare con chiarezza.

Il corpo libera un ormone chiamato cortisolo come reazione allo stress, all'ansia e alla paura. Il cortisolo aumenterà la pressione arteriosa per mantenerti teso, dato che il tuo corpo sente che c'è una minaccia che può provocare un danno fisico. Tuttavia, è stato anche dimostrato che il cortisolo uccide le cellule cerebrali e causa un invecchiamento precoce (Daniela Kaufer, 2014). Le tue cellule cerebrali destinate all'apprendimento e alla funzione di memoria soffrono a causa dello stress e dell'ansia.

Infine, lo stress cronico riduce i livelli di due neurotrasmettitori fondamentali: la serotonina e la dopamina. Riconoscerai questi neurotrasmettitori perché di solito sono collegati alle droghe ricreative, dato che sono interconnessi al piacere e all'estasi. Cosa accade quando soffri di una carenza di questi neurotrasmettitori? Il tuo cervello inizia ad assomigliare a quello di una persona che soffre di depressione (Tafet, 2001).

Controlla lo stress per controllare la tua capacità intellettuale. Lo stress ci fa perdere la prospettiva della nostra vita, ci fa dimenticare gli aspetti positivi e ci fa concentrare principalmente sui piccoli aspetti negativi. La maggior parte delle volte basta fermarsi un attimo e pensare logicamente ai nostri fattori di stress, e vedrai che li dimenticherai entro la fine della giornata. Sostanzialmente, lo stress è una nostra creazione.

Nel capitolo seguente parleremo di alcuni miti che probabilmente hanno interferito nello sviluppo del tuo potenziale e in seguito imparerai come aumentare l'efficacia della tua lettura.

Capitolo 8
DISTRUGGENDO MITI

Dedicheremo alcuni minuti a parlare di alcuni dei più grandi miti sulla capacità di pensare meglio e aumentare le proprie capacità cognitive. Sono state create intere industrie per soddisfare i desideri delle persone di aumentare la funzionalità e l'efficacia del loro cervello con il minimo tempo e sforzo possibile. Tuttavia, a mano a mano che leggi, molte delle promesse che hai sentito o letto al riguardo crolleranno.

L'industria della salute e del condizionamento fisico è un'analogia perfetta, perché le persone cercano costantemente di trovare modi rivoluzionari per perdere una maggiore quantità di peso, mentre allo stesso tempo fanno la minore quantità di lavoro. In pratica, conosciamo il percorso generale da prendere, ma di solito è il percorso che offre maggiore resistenza. Magari questo capitolo ti servirà come promemoria del fatto che non ci sono scorciatoie quando si tratta di pensare ed apprendere meglio. Quindi, senza altri preamboli, cominciamo.

L'effetto Mozart

Senza dubbio questa è una delle credenze più comuni. Si dice che il rendimento mentale e la facoltà cognitiva aumentino mentre si ascolta un pezzo del famoso compositore Wolfgang Amadeus Mozart.

E' interessante credere che solamente tramite l'introduzione di uno stimolo uditivo si possa aumentare la propria capacità intellettuale, anche se solo per un breve periodo di tempo. Sarebbe come prendere una pillola che ti rende intelligente e ti permette di superare le tue normali capacità. Questa è la ragione per cui la gente ha adottato questo mito e lo ha convertito in un'industria multimilionaria.

L'effetto Mozart è nato durante uno studio realizzato nel 1993 dal francese Rauscher e dai suoi colleghi dell'Università della California. Per lo studio, i partecipanti sono stati divisi in tre gruppi che erano stati precedentemente sottoposti ad una prova di intelligenza spaziale per determinare il loro livello di partenza. Un gruppo ha ascoltato per 10 minuti Mozart, il secondo ha ascoltato per 10 minuti un rumore bianco, e il terzo gruppo è stato 10 minuti in assoluto silenzio. Sorprendentemente, il gruppo che ha ascoltato Mozart ha ottenuto nove punti in più nello stesso test di intelligenza, fatto che rappresentava un aumento enorme.

Studi successivi hanno avuto come obiettivo la riproduzione dei risultati di Rauscher, ma con risultati molto diversi. Nella maggior parte dei casi non c'è stato alcun miglioramento nelle capacità cognitive. In realtà, alcuni studi hanno riportato che ascoltare Mozart prima o durante compiti cognitivi provoca un crollo del rendimento intellettuale.

Sono state proposte varie teorie del perché c'era stato un

aumento nel primo studio, che vanno dal fatto che questo tipo di musica essenzialmente mette il cervello in uno stato di eccitazione che porta ad una migliore capacità di pensiero, o al fatto che la musica imita il ritmo naturale di un determinato insieme di onde cerebrali chiamate trioni. Tuttavia, non è stato verificato nulla, dato che i risultati non sono mai stati riprodotti in modo coerente.

Dal punto di vista dello spettatore occasionale, non ha senso che Mozart possa migliorare le facoltà cognitive, a meno che non si stia studiando musica classica. In realtà, la riproduzione di musica serve solamente come distrazione per qualcuno, soprattutto se ama questo tipo di musica. Tuttavia, vale la pena dire che l'effetto Mozart può essere un mito, ma ha dato il via ad un'interessante area di studi che invece ha portato a risultati riproducibili. La ricerca suggerisce che esistono due segnali uditivi che effettivamente aumentano il rendimento cerebrale.

Innanzitutto, uno studio realizzato nel 2013 da alcuni scienziati tedeschi dell'Università del Centro Medico Hamburg Eppendorf, ha scoperto che il *rumore bianco*, il suono *"shhhh"* che fa la televisione quando rilascia scariche statiche, può migliorare la concentrazione bloccando efficacemente le distrazioni.

In secondo luogo, la musica in sottofondo, essenzialmente simile al rumore bianco, ha dimostrato di aumentare anch'essa la concentrazione (Anderson, 2010). Per riassumere, la musica costante, ripetitiva e un po' noiosa permette il blocco dei rumori ambientali eliminando le distrazioni.

Ad ogni modo, è chiaro che Mozart, Beethoven o Bach non aiutano ad apprendere o a pensare meglio. Possono anche peggiorare la situazione, quindi devi essere consapevole di ciò che ascolti quando vuoi concentrarti.

L'intelligenza è importante nell'apprendimento

L'intelligenza è un termine molto, molto vago. Ad esempio, le prove di QI pretendono di misurare l'intelligenza, ma considerano solo un piccolo insieme di caratteristiche estremamente specifiche che si crede si traducano in intelligenza. Le classiche prove di QI misurano cose come l'ingegno, il pensiero laterale, la capacità di vedere schemi e fare connessioni.

Queste sono buone qualità, ma come puoi immaginare, non sono esattamente ciò che qualificherebbe qualcuno come intelligente. Nelle prove di QI non vengono presi in considerazione una vasta gamma di fattori.

Ai fini dell'apprendimento, nessuno è più intelligente o migliore di chiunque altro. L'apprendimento è qualcosa che tutti facciamo fin dall'infanzia, ed è davvero una questione di lavoro, attenzione e applicazione di alcuni dei principi trattati in questo libro e che porterà la tua capacità di apprendimento al livello successivo, e non il tuo talento innato o intelligenza.

La tua intelligenza generale e la tua capacità di apprendimento si misurano davvero tramite molti altri fattori, diversi da quelli che possono essere riflessi nei risultati di un qualunque test. Puoi imparare efficacemente come chiunque altro, e se qualcuno sembra capire qualcosa più rapidamente, è solo perché sta elaborando le informazioni in modo diverso.

Il fallimento è negativo

In realtà, gli studi hanno dimostrato che il fallimento è uno dei modi migliori per apprendere. Questo concetto si chiama *"fallimento produttivo"* ed è stato coniato da un ricercatore dell'Università di Singapore, che ha realizzato uno studio con due gruppi di studenti nel quale gli insegnanti hanno aiutato il primo gruppo a trovare le risposte al proprio insieme di problemi, mentre il secondo gruppo non ha ricevuto aiuti, ma gli è stato permesso di collaborare tra loro.

Il secondo gruppo non ha risposto correttamente a nessuno dei problemi, ma come risultato del lavoro di gruppo sono stati in grado di analizzare diversi approcci e ottenere una comprensione molto maggiore. Quando i gruppi sono stati messi a confronto in termini di ciò che avevano appreso, il secondo gruppo ha *"superato significativamente"* il primo.

Che ci dice questo sull'apprendimento?

Ci dice che mostrare semplicemente a qualcuno la risposta e assicurarsi che non sbagli è un danno enorme per il suo apprendimento. Il processo di trovare risposte è quello che davvero aiuta il nostro senso dell'apprendimento.

Lo studio di Singapore ha identificato anche tre condizioni specifiche che favoriscono il fallimento produttivo. Primo, il fallimento è migliore quando favorisce una sensazione di sfida e compromesso invece che di frustrazione. La frustrazione, ovviamente, è la sensazione che non si sta andando da nessuna parte, quindi ci deve essere un senso di progresso e realizzazione affinché il fallimento sia produttivo.

In secondo luogo, il fallimento è migliore quando gli studenti hanno l'opportunità di pensare e raccontare ciò che stanno facendo. Spesso, pensare ad alta voce porta a soluzioni che altrimenti non sarebbero venute in mente.

Terzo, il fallimento è migliore quando gli studenti hanno

l'opportunità di comparare le soluzioni che funzionano con quelle che non funzionano. In questo modo riconoscono le bandiere rosse del fallimento e ottengono l'intuito che serve per capire se qualcosa sembra giusto o sbagliato.

Ricorda il vecchio detto *"Dai a un uomo un pesce e lo sfamerai per un giorno, ma insegnagli a pescare e lo sfamerai per tutta la vita."* Consenti al fallimento di essere parte dei tuoi strumenti per migliorare la tua capacità di apprendimento in generale.

Scacchi

Il gioco degli scacchi è stato acclamato come il trampolino di lancio di un'intelligenza superiore. Viene visto come un'attività nobile, e molto più che un semplice gioco da tavolo, dato che mette alla prova la riflessione strategica. Molti genitori hanno la tendenza ad obbligare i propri figli a giocare a scacchi basandosi sulla credenza che questo li metterà in una posizione migliore per il futuro. Questo potrebbe essere vero nel senso che stanno imparando un gioco che si basa sulla riflessione strategica, ma ci sono davvero pochi dati che indicano che il gioco degli scacchi in se stesso possa incrementare le capacità cognitive.

Tuttavia, giocare a scacchi può contribuire allo sviluppo delle abilità individuali, quindi non si può dire che non ha alcun valore. Se ti dedichi ad applicare e trasferire queste conoscenze ad altri ambiti della vita, allora è possibile che si verifichino dei miglioramenti dovuti agli scacchi, ma in se stessi, gli scacchi sono semplicemente un gioco divertente.

Per diventare un buon giocatore di scacchi devi migliorare:

- Memoria

- Capacità di riconoscere gli schemi
- Concentrazione e focalizzazione
- Capacità di risolvere i problemi
- Abilità nel pianificare e prevedere

Queste sono abilità preziose, e il loro sviluppo ti renderà un pensatore molto più efficace. Tuttavia, sarebbe inesatto dire che il gioco degli scacchi in sé può renderti più intelligente.

Più studi meglio è

Sicuramente ti sarà capitato di vedere persone che studiano tutto il giorno e anche la notte prima di un esame per far entrare nella loro testa il maggior numero di informazioni possibili. Per caso un maggior numero di ore dedicate allo studio sono il metodo migliore per trattenere le informazioni? Non sempre.

L'eccesso può essere nocivo per l'apprendimento e la memoria. Alcuni studi hanno dimostrato che la tecnica conosciuta come ripetizione spaziata è molto più efficace per l'apprendimento e la memoria.

Questo significa che il cervello è come un muscolo, e ha semplicemente bisogno di tempo per riprendersi e fare connessioni neuronali tra le informazioni che ha incamerato. Significa anche che se esageri e fai le ore piccole studiando, stai perdendo tempo cercando di imparare più di quello che il tuo cervello può gestire al momento e inoltre ti capiterà di leggere lo stesso paragrafo una volta dopo l'altra senza riuscire a capirlo.

Per concludere, questo mito evidenzia la memorizzazione a scapito della comprensione e dell'analisi. Ricorda: di più non significa meglio, più intelligente è meglio.

Sono solo una persona che utilizza l'emisfero sinistro

Esiste un mito secondo il quale, dato che gli emisferi cerebrali comportano certe inclinazioni verso la creatività o verso la logica, la gente deve orientare il proprio apprendimento tenendo conto di queste differenze. Ad esempio, si suppone che le persone che utilizzano l'emisfero destro siano più creative, mutevoli e con meno preoccupazioni, mentre le persone che utilizzano l'emisfero sinistro del cervello siano più logiche, analitiche e deliberate. Indubbiamente può essere un mito romantico, ma non significa che apprendi con un unico emisfero e che devi utilizzare esclusivamente quello.

Entrambi gli emisferi cerebrali sono coinvolti in quasi tutti i processi mentali, ma che vuol dire per te? Solo perché sei più artista o più analitico non significa che devi ignorare le altre parti della tua vita. Puoi essere altrettanto capace in qualunque altro ambito, quindi non permettere che il mito dell'emisfero dominante di impedisca di esplorare altre aree.

Brain training

Nel 2008, la psicologa Susanne Jaeggi ha pubblicato uno studio innovativo che dimostrava che il lavoro con programmi di brain training aumenta l'intelligenza misurata dal coefficiente intellettuale, e che la gente avrebbe potuto aumentare il proprio coefficiente intellettuale di un punto per ogni ora di brain training. Questi risultati avrebbero potuto cambiare la vita delle persone. Lo studio si è propagato come un incendio, e indirettamente ha portato alla creazione di aziende come Cogmed e Lumosity, che vendono programmi di brain training con promesse impressionanti, come il miglioramento della memoria al fine di prevenire la comparsa del Morbo di Alzheimer.

Un altro studio apparso nel 2014, omaggio del professor Adam Gazzaley dell'Università della California di San Francisco, promuoveva i benefici di un videogioco di brain training chiamato *"NeuroRacer"*. Si credeva che questo gioco avrebbe aiutato gli adulti a mantenere le proprie facoltà mentali a mano a mano che invecchiavano. Di fatto, è stato riportato che dopo averlo utilizzato, le persone che avevano partecipato allo studio avevano migliorato il proprio rendimento nel gioco fino a poter essere paragonati ad un ragazzo di 20 anni.

Tuttavia, nonostante il fatto che i soggetti abbiano mostrato dei miglioramenti nel gioco, cosa significava per la vita reale? E' come la questione degli scacchi, che potrebbe aiutare a migliorare certe capacità individuali all'interno del gioco, ma non ha alcuna connessione con la capacità mentale reale. A questo proposito è stato consistentemente dimostrato che quando qualcuno svolge un'attività, inizia a migliorare solamente in quella stessa attività. Quindi, è un'esagerazione dire che i giochi di brain training aumentano l'intelligenza.

Sicuramente, tanto Cogmed come Lumosity sono stati colpiti da numerose domande di risarcimento per pubblicità ingannevole, e di recente Lumosity è stata condannata a pagare un'enorme multa di 50 milioni di dollari per aver danneggiato i consumatori, multa che l'azienda non è stata in grado di pagare.

Benché possa sembrare illogico, l'esercizio fisico ha dimostrato di portare grandi benefici per il miglioramento delle funzioni cognitive. Nell'Università dell'Illinois, lo psicologo Arthur Kramer ha osservato che gli esercizi aerobici espandono il volume dell'ippocampo e della corteccia prefrontale. L'esercizio aerobico produce cambiamenti biochimici collegati agli ormoni che, letteralmente, aumentano la potenza del tuo cervello. Per quello che riguarda tutte le cose strane alle quali vogliamo attribuire il miglioramento del nostro cervello, a volte ignoriamo la risposta più ovvia che abbiamo proprio davanti agli occhi.

Capitolo 9
LETTURA EFFICIENTE

E' impossibile parlare di apprendimento rapido senza parlare anche di tecniche di lettura efficiente. Immagina quante più informazioni potresti assimilare se aumentassi la velocità di lettura di un 300%. Senza dubbio, essere un lettore migliore è un vantaggio per un migliore apprendimento, soprattutto considerando che la maggior parte delle informazioni fruibili passano attraverso la parola scritta.

La tua capacità di lettura ha tre componenti: la velocità, l'efficienza e la ritenzione. Di seguito le vedremo una per una.

Importante: questo capitolo non vuole essere un corso di lettura veloce. Esistono libri completi che si occupano di questo argomento, quindi in questo capitolo ti fornirò semplicemente delle linee guida che utilizzo personalmente per una lettura più efficace.

Velocità

Per la maggior parte delle persone leggere troppo rapidamente può tradursi in una diminuzione della comprensione. Tuttavia, ci sono alcuni piccoli miglioramenti che puoi fare per aumentare costantemente la velocità affinché quello che prima impiegavi dei giorni a leggere, ora puoi completarlo in qualche ora.

Sub-vocalizzazione

Il primo consiglio per aumentare la tua velocità di lettura è diminuire le sub-vocalizzazioni che utilizzi. Una sub-vocalizzazione è qualcosa che probabilmente stai facendo in questo momento. E' quando leggi a mente ed ascolti le parole che stai leggendo. E' un'abitudine praticamente inutile, sebbene sia utile quando devi aumentare la comprensione.

Il fatto è che abbiamo la capacità di capire ed elaborare le parole più rapidamente di quanto possiamo dire o ascoltare. Smettere, o almeno diminuire, il tuo dialogo interiore mentre leggi ti aiuterà molto ad aumentare la tua velocità di lettura.

Raggruppare le parole

Il secondo consiglio per aumentare la velocità di lettura è la pratica della lettura di più di una parola alla volta. La lettura parola per parola è lenta e poco efficiente e può anche ridurre la comprensione, perché ti fa concentrare sulle parole e non nell'elaborazione del contesto o nel significato del testo. E' il classico caso di vedere gli alberi e non essere capaci di vedere il bosco. Ti consiglio di cominciare a fare pratica con due parole alla volta. Richiede un po' di sforzo, ma quando comincerai a farlo, ti renderai conto che non è necessario leggere ogni parola individualmente. Puoi pensare alle due parole come ad una contrazione. Quando ti senti a tuo agio con due parole, puoi passare a tre e quattro, fino ad arrivare a vedere una frase di dieci parole e ridurla a due frasi di cinque parole ciascuna. Questo è l'obiettivo finale: essere capace di sintetizzare frasi come lo faresti con singole parole.

Lettura visuale

Il terzo consiglio per aumentare la tua velocità di lettura è migliorare la tua lettura visuale. Perdiamo continuamente la concentrazione e dobbiamo rileggere frasi e magari anche paragrafi interi, perché ci facciamo distrarre da ciò che accade altrove. Questo è enormemente dannoso per la tua velocità di lettura. Il modo più semplice per migliorare la tua lettura visuale consiste nell'utilizzare un segnalibro o un puntatore, come una matita o anche il dito. Dai ai tuoi occhi uno schema da seguire e nel quale fluire, e ti seguiranno. In questo modo manterrai il ritmo ed eviterai di rileggere.

Efficienza

Questa tecnica ha bisogno di un cambio di paradigma rispetto a quello che ci hanno insegnato sulla lettura di un libro. Tradizionalmente ci è stato detto che dobbiamo leggere i libri in maniera sequenziale, dall'inizio alla fine, e credo che questa sia la causa principale per la quale è così sgradevole leggere. Cominciamo a leggere, ci obblighiamo a leggere in accordo alla sequenza stabilita dall'autore e se non troviamo quello che cerchiamo cominciamo ad annoiarci, ma ci sforziamo di continuare a leggere e finalmente terminiamo il libro con una sensazione di aver sprecato del tempo, dato che l'autore non ha rispettato quello che aveva promesso. In questo modo, la prossima volta ci penseremo due volte prima di cominciare a leggere un altro libro.

L'idea principale della tecnica che condividerò con te è che i libri diversi da quelli di narrativa, gli articoli e anche i post sui blog, tendono ad avere solamente una o due idee principali e la maggior parte dei testi ha una sezione di *"conclusione"* che riassume la totalità delle sue rivelazioni. Il resto del contenuto è composto generalmente da studi di casi, aneddoti, esempi, modi differenti di affrontare un unico concetto e dalla presentazione di prove per sostenere un'affermazione.

A cosa ci serve sapere tutto questo?

Possiamo utilizzare questa conoscenza per leggere in modo estremamente efficiente. Il tuo scopo durante la lettura consiste nello scoprire queste grandi idee e cercare di eliminare tutto il resto. Questo significa che in realtà non hai bisogno di leggere un libro in maniera sequenziale dall'inizio alla fine. So che sembra anti-intuitivo, ma questo in realtà è un errore e una perdita di tempo se vuoi apprendere in maniera più efficiente.

Ci sono tre passi per applicare questa tecnica:

Passo 1:

Il primo passo consiste nel passare tre minuti semplicemente sfogliando i contenuti, l'introduzione e il riassunto del libro o il retro di copertina. Pensalo come una pre lettura del libro e, di fatto, in questo passo potrai farti un'idea delle idee fondamentali che tratta.

Passo 2:

Il secondo passo consiste nel passare circa sette minuti sfogliando nuovamente il libro, ma con maggiore accuratezza. In questo passo leggi i primi due paragrafi di ogni capitolo per capire l'idea generale di ognuno, e le grandi prove che supportano quelle idee. Se vedi che c'è una storia o un aneddoto, è un segno che devi saltare quel contenuto, dato che in genere è solamente un modo per illustrare un concetto. Durante questo passo, puoi anche prendere nota delle sezioni che leggerai più dettagliatamente nel passo seguente.

Passo 3:

Il terzo passo consiste nel passare venti minuti leggendo sezioni specifiche del libro più in dettaglio. A questo punto dovresti già sapere quali sono le idee generali del libro, e ora sei alla ricerca di chiarimenti e di ciò che ogni capitolo apporta all'idea generale. Esamina le parti sottolineate nel passo precedente e leggile con più attenzione. A continuazione, concludi questo passo con la sintesi di ciò che hai letto e riassumilo in cinque punti principali, con tre idee chiave per ognuno (al massimo).

A questo punto dovresti avere un'idea ben chiara del contenuto del libro e ti ci sono voluti solo trenta minuti. Se hai dei dubbi sulla chiarezza di un certo concetto, ora sai esattamente dove andarlo a cercare.

Trattenere di più

Migliorare la conservazione di ciò che si è letto è molto più facile di quello che credi. Il problema è che la maggior parte della gente vede la lettura come un'attività abbastanza passiva, come se bastasse solo sedersi e leggere perché il proprio cervello possa interiorizzare le informazioni. Tuttavia, non è così che funziona il cervello.

Per migliorare la conservazione e la comprensione è necessario fare della lettura un'attività proattiva. Il miglior tipo di lettura è quello in cui leggi con uno scopo, dato che questo ti manterrà concentrato e attento riguardo alle informazioni che stai elaborando.

Leggere con un proposito ti aiuta anche a sviluppare delle domande per dare un senso alle informazioni e fare più collegamenti neuronali. Ad esempio, puoi chiederti:

- In che modo questo punto si collega con l'obiettivo del libro?
- Cosa ho appena appreso?
- Perché questo è importante?
- Quali sono le lacune di questo testo?
- Qual è l'argomento contro questa tesi?
- Come posso riassumere quello che ho appena letto?

Se riesci ad analizzare attivamente questi punti durante la lettura, tratterrai molto di più perché le informazioni non saranno solamente un insieme di fatti, ma avrai creato una serie di connessioni neuronali con altre idee e contesti. Questa è la differenza tra ascoltare un mucchio di note musicali sciolte ed ascoltare una sinfonia.

Uno dei modi migliori per sintetizzare e trattenere meglio le informazioni consiste nel cercare di prevedere cosa succederà in seguito, o quale sarà la conseguenza di ciò che hai appena letto. Per fare una supposizione informata serve un livello di pensiero e comprensione che va oltre la lettura passiva. Non devi fare una predizione corretta, l'importante è pensare a ciò che hai letto, cercare di creare schemi e analizzarli.

Infine, per migliorare la conservazione, ti consiglio di iniziare dalla fine. Questo significa che devi esaminare il libro in ordine diverso rispetto a quello con cui hai immagazzinato inizialmente le informazioni,ad esempio, partire dalla conclusione e terminare con l'introduzione..

Ma qual è l'obiettivo di iniziare dalla fine?

Quando si legge qualcosa sempre nello stesso ordine, si creano schemi che solidificano le informazioni, ma solo in quell'ordine e contesto specifici. E' come ascoltare una lista di canzoni nello stesso ordine, una volta dopo l'altra. Dopo un po' tutto si fonderà in un'unica lunga canzone, e riuscirai a ricordare e anticipare la canzone seguente basandoti su quella che stai ascoltando, ma al di fuori di questo ordine e contesto è possibile che non riusciresti a ricordarle.

Quando leggi senza un ordine, di solito di approcci alle informazioni con contesti e angoli differenti, cosa che aumenta drasticamente il tasso di conservazione. E' come creare un'immagine in tre dimensioni invece di una piatta.

Capitolo 10
IL MODO MIGLIORE PER DIVENTARE UN ESPERTO

Qual è il modo migliore per diventare un esperto di qualcosa? Fare pratica! Con grande disappunto di molti, la pratica è di fatto l'unico modo per migliorare e aumentare il tuo livello di esperienza, anche se possiedi un talento innato. Tuttavia, come con l'apprendimento in generale, ci sono modi che sono più efficaci ed efficienti di fare pratica.

La pratica a volte può essere difficile da quantificare, dato che generalmente crediamo che si riferisca semplicemente alla ripetizione di un'azione o fare qualcosa una volta dopo l'altra fino a che non ci sentiamo più capaci. Se questo è ovvio, questo avvicinamento è troppo vago e non porta ad un'esperienza significativa, dato che non c'è uno scopo o un sistema che la supporta. E' così che è nato il concetto di *"pratica deliberata"*.

Pratica deliberata è un termine coniato da John Hayes dell'Università Carnegie Mellon. In sintesi, John determina che il modo migliore di fare pratica è dividere il tuo obiettivo principale in molte capacità secondarie che contribuiscono al raggiungimento dell'obiettivo. Quindi, invece di lavorare sull'obiettivo principale, che può essere opprimente, ti concentri su ogni piccola capacità secondaria e la porti fino al punto di competenza, una alla volta.

Ad esempio, esistono molte capacità secondarie se vuoi suonare un pezzo con il violino a livello ottimale. Devi lavorare sulla forza delle dita, la velocità, la dinamica, la presenza scenica, la memorizzazione, ecc. La pratica deliberata consiste nell'isolare ciascuna delle capacità secondarie e lavorare individualmente fino a padroneggiarle.

La pratica deliberata è l'arte di padroneggiare le capacità più piccole che contribuiscono al tuo obiettivo generale. La pratica deliberata ti insegna anche ad analizzare l'obiettivo a cui stai lavorando e ciò di cui hai bisogno per arrivarci. Questo modo di lavorare ti permette di determinare con maggior precisione i tuoi punti deboli e i tuoi punti forti.

Uno studio di Robert Duke dell'Università del Texas, ha analizzato un gruppo di pianisti che hanno dovuto imparare un pezzo complesso e ha preso nota delle loro abitudini di apprendimento. Ben presto le strategie principali sono diventate evidenti.

La chiave per i pianisti migliori è stata il modo in cui gestivano i loro problemi e le loro debolezze. Non erano intrinsecamente migliori né commettevano meno errori all'inizio dello studio, ma avevano analizzato i punti in cui dovevano migliorare e si erano esercitati su di essi. Hanno fatto in modo di non commettere gli stessi errori e hanno imparato ad identificare ciò che dovevano fare per migliorare il modo in cui suonavano il pezzo nel suo insieme.

Non affrontare le situazioni difficili

Non fraintendermi. I grandi scienziati, pensatori e risolutori di problemi non risolvono problemi difficili. Quando si confrontano con una domanda esistenziale, capiscono rapidamente che non ha senso senza sprecare energie con la complessità, quando al contrario possono affrontare in maniera produttiva i casi più semplici che gli permetteranno di gestire la complessità.

Applica questa mentalità al tuo lavoro e alla tua pratica deliberata. Quando ti confronti con un problema difficile o una sfida, fai qualcosa di diverso. Concentrati completamente nella risoluzione di un problema secondario che sei in grado di risolvere. Abbi la piena certezza che lo sforzo che stai facendo per risolvere il problema secondario ti consentirà di esplorare la complessità del problema maggiore. Non buttarti a testa bassa in un problema complesso senza aver prima lavorato ad un problema secondario.

RIEPILOGO

Imparare ad utilizzare la memoria in modo più disciplinato e allo stesso tempo creativo aiuta ad imparare a focalizzare l'attenzione e creare strane connessioni neuronali, che a loro volta generano ricordi più forti. Successivamente vedremo le idee chiave che abbiamo trattato finora.

Abbiamo parlato di due sistemi di memoria principali che sono coinvolti nella capacità di frammentare i concetti. Il primo sistema è la memoria a lungo termine, che è come un magazzino. Devi fare pratica e ripetere per memorizzare le informazioni nella memoria a lungo termine ed essere quindi in grado di recuperarle più facilmente. E' una cattiva idea fare pratica e ripetere, tutto in un solo giorno. Devi estendere la pratica su diversi giorni.

Il secondo sistema è la memoria di lavoro, che è come una lavagna di scarsa qualità che si cancella rapidamente. Possono essere conservati solo quattro elementi nella memoria di lavoro.

Siamo dotati di incredibili sistemi di memoria visiva e spaziale. Puoi sfruttare questi sistemi per migliorare la tua memoria. Per iniziare a sfruttare il tuo sistema di memoria visiva, prova a creare un'immagine indimenticabile che rappresenti un elemento chiave che desideri ricordare. Puoi andare oltre il semplice vedere, e provare a sentire, ascoltare e persino odorare qualcosa che stai cercando di ricordare. Più l'immagine è divertente ed evocativa, meglio è.

Un'altra chiave per la memorizzazione è la tecnica del palazzo della memoria, che consiste nel collocare immagini indimenticabili in un luogo che ti è familiare. Questa tecnica ti consente di immergerti nel tuo sistema di memoria visiva, cosa che ti fornisce un metodo particolarmente efficace per raggruppare le cose che vuoi ricordare.

Utilizzando le tecniche di memorizzazione rafforzerai la tua biblioteca mentale per diventare un vero maestro dell'argomento che stai imparando.

Abbiamo imparato che i frammenti sono pezzi di informazione raggruppati per utilizzo e significato. Puoi immaginare un frammento come una scintillante rete di neuroni che sintetizzano le idee e si connettono tra loro come se fossero i pezzi di un puzzle.

Il modo migliore di creare frammenti è comprendere l'idea di base con attenzione, concentrazione e pratica per aiutarti ad approfondire e visualizzare il contesto più ampio. Uno dei modi migliori per aiutare il processo di frammentazione è semplicemente quello di cercare di ricordare i punti chiave di ciò che hai studiato. Questa pratica aiuta a costruire dei ganci neurali. E' utile anche cercare di ricordare l'argomento in posti differenti da dove si è originariamente imparato, in modo che abbia radici più profonde e sia accessibile a prescindere da dove ti trovi.

Il transfert è l'idea che un frammento che hai imparato in un'area possa aiutarti ad apprendere molto più facilmente frammenti di informazioni di aree diverse.

E' anche importante imparare a riconoscere quando stai

ingannando te stesso credendo di imparare davvero un argomento. Questo fatto è conosciuto come illusione di apprendimento. Mettiti spesso alla prova con auto-esami per vedere se stai davvero imparando. Cerca di evitare di essere troppo dipendente dall'evidenziare il testo mentre leggi, dato che puoi ingannarti credendo che l'argomento di studio venga immagazzinato nel tuo cervello, quando non è così.

Gli errori sono positivi durante l'apprendimento. Ti permettono di scoprire le illusioni di apprendimento. Evita di fare pratica solo sulle cose facili, che ti daranno l'illusione di aver padroneggiato la materia. Infine, ricorda di esercitarti deliberatamente.

CONCLUSIONE

Ora hai un'idea migliore di ciò che hai nella testa e puoi utilizzare questa informazione per apprendere cose nuove per il resto della tua vita. Spero che con il passare dei giorni continuerai ad utilizzare alcune delle idee chiave che hai appreso in questo libro.

Spero che tu abbia imparato qualcosa che puoi davvero insegnare ad altri. Insegna queste idee e scoprirai che continueranno a risuonare e a radicarsi sempre più profondamente nella tua mente.

Spero anche che tu abbia scoperto quanto siano potenti queste idee per ampliare i tuoi interessi e le tue passioni. Molti credono che quelle cose che gli riescono facilmente siano le uniche che dovrebbero fare nella vita, ma la verità è che le passioni possono espandersi, cambiare e crescere. Il mondo è in continua evoluzione e disporre di strumenti che ti consentono di apprendere in modo efficace è una delle risorse più potenti che hai.

Quello che è iniziato come un tentativo maldestro di parlare con una ragazza della mia classe, si è trasformato in una ricerca costante dei modi migliori per potenziare le mie capacità di apprendimento e memorizzazione. Spero che tu prenda queste lezioni e le utilizzi per apportare cambiamenti positivi nella tua vita. Ricorda che all'inizio non sarà facile, ma con un piccolo sforzo ti renderai conto che possiedi strumenti potenti ed efficaci per apprendere e memorizzare meglio.

L'AUTORE

Steve Allen è lo pseudonimo che ho scelto quando ho iniziato a scrivere sulla mia vita nel mio blog personale, come terapia. L'ho fatto perché volevo mantenere un velo di anonimato, e preferisco che rimanga tale. Forse ci siamo incrociati per strada o ci siamo persino incontrati di persona, e questo mi entusiasma molto. Ho sempre scritto degli strumenti e delle tecniche che ho usato personalmente per raggiungere il tipo di successo che ho desiderato nella mia vita, ed è quello che condivido nei miei libri.

Ho osservato il comportamento umano per oltre 12 anni e ho scoperto che tra tutte le qualità che caratterizzano una persona di successo, le più importanti sono i suoi schemi di pensiero e il suo atteggiamento. Istituti prestigiosi come l'Università di Harvard, la Carnegie Foundation e lo Stanford Research Institute hanno dimostrato che solo il 15% delle ragioni per cui una persona ha successo nella sua vita personale e professionale hanno a che fare con le sue capacità tecniche e le sue conoscenze professionali, mentre l'altro 85% ha a che fare con i suoi schemi di pensiero, il suo livello di motivazione e la sua capacità di agire. E questo è proprio quello che insegno.

Qualcuno dirà che parlare di sviluppo personale equivale a vendere fumo, ancor più con uno pseudonimo, ma vi assicuro che tutto ciò che condivido con voi mi ha portato a passare dall'essere una persona sola che viveva nella casa dei propri genitori, a vivere in mezzo alla natura, in un vero paradiso terrestre, con la donna dei miei sogni, con una vita sociale piacevole e con una situazione finanziaria tale per cui non devo alzarmi ogni mattina e lavorare per qualcun altro. Smetterò di fare ciò che mi ha portato tutte queste cose e aiuterò le migliaia di lettori che mi seguono perché qualcuno che pensa di avere un intelletto superiore sta cercando di dimostrare quanto mi sbaglio non usando il mio vero nome? Non credo proprio.

Avendo chiarito questo punto, voglio che sappia che sei venuto ai miei libri per un motivo, e cioè che l'universo vuole darti una spinta per risvegliare il tuo vero potenziale, per liberarti e per entrare nella tua vita in modo straordinario. Nei miei lavori condivido le mie strategie di pensiero affinché possa iniziare a sviluppare da quel momento un atteggiamento mentale che ti porterà al successo, quindi ti invito a sederti in prima fila come mio ospite d'onore mentre ti guiderò in questo viaggio alla scoperta dei tuoi pensieri, del tuo atteggiamento mentale e del successo.

A presto!

Printed in Poland
by Amazon Fulfillment
Poland Sp. z o.o., Wrocław